Projektmanagement mit dem PM-Haus

Ayelt Komus/Jutta Putzer

Projektmanagement mit dem PM-Haus

Inklusive 42 Praxistipps

Mit durchgängigem Beispiel „FlexVelo"

Prof. Dr. Ayelt Komus

Hochschule Koblenz

ayelt@komus.de

Jutta Putzer

jutta.putzer@t-online.de

Bibliografische Informationen der Deutschen Nationalbibliothek:

Die Deutsche Nationalbibliothek verzeichnet diese Publikation in der Deutschen Nationalbibliografie. Detaillierte bibliografische Daten sind im Internet über http://dnb.d-nb.de abrufbar.

Hinweis

Werden im Text maskuline oder feminine Personenbezeichnungen verwendet, sind alle Geschlechter eingeschlossen. Ziel ist eine bessere Lesbarkeit. Selbstverständlich beziehen sich die Aussagen – sofern nicht explizit anders gekennzeichnet – auf Menschen aller Geschlechter. Gerade in der Projektarbeit sind Frauen und vor allem gemischte Teams ein wichtiger Faktor des Projekterfolgs. Das Buch ist sorgfältig erarbeitet worden. Dennoch erfolgen alle Angaben ohne Gewähr. Für eventuelle Nachteile oder Schäden, die aus den im Buch gemachten Hinweisen resultieren, wird keine Haftung übernommen.

Bildnachweis: © Erhan Ergin - Fotolia.com, Marginalien Seite 18 ff.

© 2017 Ayelt Komus/Jutta Putzer

Herstellung und Verlag: BOD – Books on Demand, Norderstedt

ISBN: 978-3-7412-6722-2

INHALTSÜBERSICHT

1	Zum Einstieg: „Über dieses Buch"	15
2	Projekte und Projektmanagement	19
3	Das Projektmanagement-Haus	23
4	Ziel – der Projektauftrag	27
5	Initialisieren – die Projektplanung	39
6	Durchführen – die operative Projektarbeit	85
7	Steuern – Projektfortschritt überwachen	149
8	Schluss	185
9	Ergänzende Informationen und Abbildungen	189
10	Index	197

Inhaltsverzeichnis

1	Zum Einstieg: „Über dieses Buch"	15
2	Projekte und Projektmanagement	19
3	Das Projektmanagement-Haus	23
4	Ziel – der Projektauftrag	27
4.1	Welche Rolle spielen Projektziel und Projektauftrag?	28
4.2	Welche Perspektiven treffen bei der Zielfindung aufeinander?	29
4.3	Welche Bedeutung hat eine Zielanalyse?	30
4.4	Wie hängen Projektvision, strategische und operative Projektziele zusammen?	30
4.5	Wie sollte ein operatives Ziel formuliert werden?	32
4.6	Was ist ein Projektauftrag? Welche Bestandteile sind enthalten?	35
5	Initialisieren – die Projektplanung	39
5.1	Arbeitspakete	43
5.1.1	Warum Arbeitspakete?	43
5.1.2	Wie werden Arbeitspakete gegliedert? (Projektstrukturplan)	44
5.1.3	Wie werden Arbeitspakete geplant und beschrieben?	48
5.1.4	Wie hängen Projektstruktur-, Ablauf-, Budget- und Kostenplan zusammen?	51
5.2	Projektablauforganisation	53
5.2.1	Was bedeutet Projektablauforganisation?	53
5.2.2	Was ist ein Gantt-Diagramm?	54
5.2.3	Was sind Vorwärtsterminierung, Rückwärtsterminierung und kritischer Pfad?	56
5.2.4	Was sind Meilensteine?	58
5.3	Projektaufbauorganisation	60
5.3.1	Wie unterscheiden sich Primär- und Sekundärorganisation?	60
5.3.2	Wie setzt sich das Projektteam zusammen?	62
5.3.3	Was ist der Lenkungsausschuss?	65

	5.3.4	Wie kann eine typische Projektorganisation aussehen?	67
5.4		*Projektteam*	*69*
	5.4.1	Wie setzt sich ein gutes Team zusammen?	69
	5.4.2	Welche Teamrollen gibt es?	70
	5.4.3	Welche Teamgröße ist optimal?	72
	5.4.4	Wie läuft der Teambildungsprozess ab?	76
	5.4.5	Worin bestehen die Rollen des Projektleiters?	77
5.5		*Projekthandbuch*	*80*
	5.5.1	Warum ein Projekthandbuch?	80
	5.5.2	Welche Ziele hat ein Projekthandbuch?	80
	5.5.3	Wie kann ein Projekthandbuch gegliedert werden?	82

6 Durchführen – die operative Projektarbeit — 85

6.1		*Organizational Change Management/Stakeholder-Management*	*87*
	6.1.1	Worin besteht die Grundherausforderung des *Organizational Change Management*?	87
	6.1.2	Exkurs: Endowment-Effekt (Besitztumseffekt)	88
	6.1.3	Wie funktioniert eine Stakeholder-Analyse?	89
	6.1.4	Welche Ansatzpunkte bestehen für das OCM?	92
	6.1.5	Wie sollten Projektinformationen und Projektmarketing ausgestaltet sein?	96
6.2		*Teammotivation*	*99*
	6.2.1	Worin besteht der Unterschied zwischen extrinsischer und intrinsischer Motivation?	100
	6.2.2	Wie kann Führung zur Motivation beitragen?	103
	6.2.3	Exkurs: Beispiele für eine erfolgreiche Motivation	105
6.3		*Kommunikation*	*107*
	6.3.1	Was ist bei der Kommunikation in der Projektarbeit besonders wichtig?	107
	6.3.2	Wie und wann kommuniziert wer mit wem?	109
	6.3.3	Wie hängen Meeting-Struktur und Kommunikation zusammen?	112
6.4		*Konfliktmanagement*	*114*
	6.4.1	Was ist Konfliktmanagement?	114
	6.4.2	Welche Arten von Konflikten gibt es?	115

6.4.3	Welche Lösungsstrategien gibt es?	116
6.4.4	Wie beeinflusst unsere Wahrnehmung Konflikte?	118
6.4.5	Warum können Konflikte als Chance gesehen werden?	119
6.4.6	Wie sieht der Eskalationsprozess aus?	122

6.5 Kreativität *124*

6.5.1	Worauf fußt Kreativität?	124
6.5.2	Wie funktionieren Kreativitätstechniken (Beispiel Design Thinking)?	125

6.6 Projektdokumentation *129*

6.6.1	Welche Arten von Projektdokumentation sind sinnvoll bzw. nötig?	129
6.6.2	Worauf ist bei IT-gestützter Dokumentation zu achten?	130
6.6.3	Welche Formulare sind für die Projektarbeit relevant?	133
6.6.4	Wie umfangreich sollte die Dokumentation sein?	134

6.7 Infrastruktur *136*

6.7.1	Wie kann eine Projekt-Infrastruktur aussehen?	136
6.7.2	Welche sind die wichtigsten Softwaresysteme des Projektmanagements?	137
6.7.3	Wie sollten Projekträume ausgestattet sein?	139

6.8 Change Request Management *143*

6.8.1	Warum ist *Change Request Management* notwendig?	143
6.8.2	Wie sollte ein Change-Request-Prozess aussehen?	144

7 Steuern – Projektfortschritt überwachen 149

7.1 Controlling *150*

7.1.1	Welche Aufgaben hat das Projektcontrolling?	150
7.1.2	Wie kann der Projektfortschritt bewertet werden?	157
7.1.3	Wie können die bisherigen Projektkosten bewertet werden?	160
7.1.4	Exkurs: 90-%-Syndrom und Studenten-Syndrom	163

7.2 Qualitätsmanagement *164*

7.2.1	Was ist Qualität?	165
7.2.2	Worauf zielt das Qualitätsmanagement ab?	166
7.2.3	Welche Aufgaben hat das Qualitätsmanagement?	167

7.3 Risikomanagement *172*

7.3.1	Was ist ein Risiko?	172

7.3.2	Wie können Risiken gemanagt werden?	173
7.3.3	Wie können Risiken bewertet werden?	175
7.3.4	Wie können Risiken gesteuert werden?	179
7.3.5	Wie können Risiken überwacht werden?	180
7.3.6	Welche Risikomanagementstile gibt es?	181

8 Schluss   185

8.1	3 plus 1 ergänzende Empfehlungen aus der Praxis	185
8.2	Von Fliegen und Elefanten	185
8.3	Realisieren, etablieren, abschließen	186
8.4	Arbeiten in (kurzen) Projektgenerationen	187

9 Ergänzende Informationen und Abbildungen   189

10 Index   197

Abbildungsverzeichnis

Abbildung 1: Projektdefinition nach DIN 69901 20
Abbildung 2: Linien- vs. Projektmanagement 21
Abbildung 3: Das PM-Haus 24
Abbildung 4: Projektmanagementfelder des PM-Hauses im
               Projektverlauf 26
Abbildung 5: Zielhierarchie als Grundlage des Projekts 31
Abbildung 6: Ausschnitt Beispiel Projektauftrag FlexVelo ...36
Abbildung 7: Planbarkeit und optimale Detailtiefe der Planung
               auf der Zeitachse 42
Abbildung 8: Beispiel Projektstrukturplan 44
Abbildung 9: Variante 1 – Projektstrukturplan FlexVelo 46
Abbildung 10: Variante 2 – Projektstrukturplan FlexVelo ...47
Abbildung 11: Auszug Arbeitspaket FlexVelo „Schaltung" ...50
Abbildung 12: Projektstrukturplan, Ablaufplan, Budget-/Kostenplan .52
Abbildung 13: GANTT-Diagramm – vernetzter Balkenplan ..55
Abbildung 14: GANTT-Diagramm mit kritischem Pfad 56
Abbildung 15: Kritischer Pfad (schraffiert), FlexVelo-Projektplan   57
Abbildung 16: Primärorganisation vs. Sekundärorganisation und
               Ablauf- vs. Aufbauorganisation 61
Abbildung 17: Projektaufbauorganisation mit Projektteam und
               Lenkungsausschuss 67
Abbildung 18: Organigramm Projekt FlexVelo 68
Abbildung 19: Teamrollen nach Belbin 71
Abbildung 20: Checkliste Eignung als Projektmitarbeiter ...73
Abbildung 21: Organigramm FlexVelo – Vorschlag von Herrn Felix ...75
Abbildung 22: Rollen des Projektleiters 77
Abbildung 23: Ziele des Projekthandbuchs 81
Abbildung 24: Projekthandbuch vs. Projektdokumentation vs.
               Projektergebnisbericht 81
Abbildung 25: Einschätzung der Stakeholder nach den Kriterien
               Einfluss und Interesse 90
Abbildung 26: Auszug aus der Stakeholder-Liste, Projekt FlexVelo ...90
Abbildung 27: Stakeholder-Portfolio-Analyse des Projekts FlexVelo ...91

Abbildung 28: Was muss das Veränderungsmanagement leisten? 93
Abbildung 29: Kommunikationsmittel und ihre Wirkungen 95
Abbildung 30: Motivationsfaktoren 100
Abbildung 31: Parameter der Kommunikation 108
Abbildung 32: Media-Richness-Modell nach Rice 110
Abbildung 33: Beispiel für eine Meeting-Struktur 113
Abbildung 34: Konflikttransaktionen 115
Abbildung 35: Mögliche Ergebnisse einer Konfliktlösung 117
Abbildung 36: Bildliche Darstellung der Relativität 118
Abbildung 37: Vase oder zwei Gesichter? 119
Abbildung 38: Kommunikation als Mittel der Konfliktlösung 121
Abbildung 39: Design-Thinking-Prozess 125
Abbildung 40: Übersicht Projektraumtypen 140
Abbildung 41: Auszug-Change-Request FlexVelo 147
Abbildung 42: Magisches Dreieck: Qualität–Zeit–Kosten 150
Abbildung 43: Aufgaben des Projektcontrollings 152
Abbildung 44: Auszug Projektstatusbericht FlexVelo 154
Abbildung 45: Darstellung von Projektfortschritt und Ist-Kosten im Projektverlauf 155
Abbildung 46: Schematische Darstellung einer Meilensteintrendanalyse 157
Abbildung 47: Auszug Meilensteintrendanalyse FlexVelo 159
Abbildung 48: Plan- und Ist-Kosten im Arbeitspaket 4711 zum Betrachtungszeitpunkt 160
Abbildung 49: Arbeitspaket 4711 mit Fertigstellungswert 162
Abbildung 50: Worauf zielt das Qualitätsmanagement ab? 166
Abbildung 51: 10er-Regel der Fehlerkosten 167
Abbildung 52: Aufgaben des Qualitätsmanagements 168
Abbildung 53: Handlungsfelder des Projekt-Qualitätsmanagements 171
Abbildung 54: Elemente des Risikomanagements 173
Abbildung 55: Risiken werden durch zwei Größen determiniert 175
Abbildung 56: Risiko-Portfolio 176
Abbildung 57: Risikoliste von Herrn Felix und seinem Projektteam .. 177
Abbildung 58: Risikomatrix für das Projekt FlexVelo 178

Abbildung 59: Risikomanagementstile 181
Abbildung 60: Unternehmensstruktur der ProVelo GmbH 189
Abbildung 61: Projektorganisation (Praxisbeispiel FlexVelo) 189
Abbildung 62: Erste Seite Projektauftrag 190
Abbildung 63: Zweite Seite Projektauftrag 191
Abbildung 64: Formular Arbeitspaketbeschreibung 192
Abbildung 65: Beispielhafte Stakeholderliste 193
Abbildung 66: Exemplarische Änderungsanforderung 194
Abbildung 67: Exemplarischer Projektstatusbericht 195
Abbildung 68: Gliederungspunkte im Projekthandbuch 196

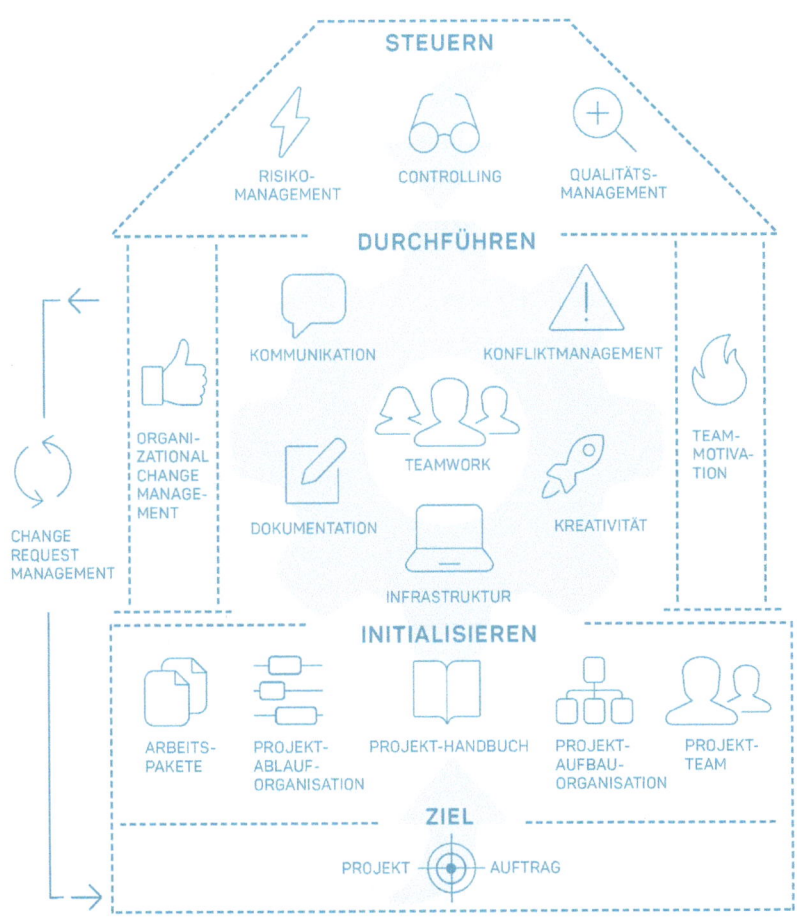

1 Zum Einstieg: „Über dieses Buch"

Noch ein Buch über Projektmanagement

Eine Vielzahl von Büchern beschäftigt sich aus den unterschiedlichsten Perspektiven mit dem Thema Projektmanagement. Warum also noch ein Buch zum Thema?

„Projektmanagement mit dem PM-Haus" versteht sich als Grundlagen- und Einsteigerwerk für das Projektmanagement. Wenn Sie bisher nichts oder nur wenig über Projektmanagement wissen, ist dieses Buch der optimale Einstieg. Übersichtlich, leicht verständlich und mit vielen Praxistipps bietet „Projektmanagement mit dem PM-Haus" einen ausgezeichneten Ausgangspunkt, um das Thema Projektmanagement zu erschließen.

Sollten Sie sich schon ein wenig mit dem Thema auskennen und wollen sicherstellen, dass Sie bei der praktischen Umsetzung nichts übersehen haben, so sollte Ihnen dieses Buch ebenfalls Fruchtbares bieten.

Vier Aspekte halten wir für besonders hervorhebenswert.

PM-Haus (Projektmanagement-Haus)

Meist wird Projektmanagement Schritt für Schritt, also phasenweise vermittelt. Der phasenorientierte Ansatz ist auch durchaus sinnvoll, wenngleich Phasen im Projektmanagement aber fast nie tatsächlich abgeschlossen sind. Es gilt, die verschiedenen Teilbereiche des Projektmanagements während des gesamten Projekts im Blick zu behalten – kein Bereich darf vernachlässigt werden. Das PM-Haus veranschaulicht die Aufgabenbereiche des Projektmanagements auf einen Blick und erlaubt so einen permanenten Abgleich, welche Bereiche zu bearbeiten sind. Und Projektmanagement-Neulinge erfahren, welche Aspekte des Projektmanagements noch zu erarbeiten sind.

Durchgängiges Projektbeispiel – das Projekt „FlexVelo" mit Herrn Felix

Herr Felix von ProVelo wird mit der Aufgabe betraut, das Projekt „FlexVelo" zu leiten. Ein neues Fahrrad soll die Vorzüge eines leichten Rennrads mit denen eines robusten Tourenrads verbinden. Um diese Herausforderung zu meistern, bedarf es eines guten Projektmanagements mit zahlreichen Entscheidungen in den diversen Bereichen des PM-Hauses. Gemeinsam mit Herrn Felix kann der Leser sich die verschiedenen Bereiche des Projektmanagements erarbeiten und verstehen, welche Aufgaben und Entscheidungen zu bewältigen sind.

Praxisrelevanz und Praxistipps

Projektmanagement ist keine exakte Wissenschaft. Neben den fundierten Kenntnissen der Grundlagen des Projektmanagements spielen immer auch der richtige Instinkt und Erfahrungswissen wesentliche Rollen. Gute Projektmanager zeichnen sich nicht durch das umfassende „Abarbeiten" aller Werkzeuge des Projektmanagements aus, vielmehr sind der angemessene Einsatz und die Auswahl der richtigen Werkzeuge entscheidend für den Projekterfolg. Gemeinsam verfügen wir als Autoren über weit mehr als 40 Jahre praktische Erfahrung in großen und kleinen IT-bezogenen wie IT-neutralen Projekten. Als Projektmanager, Coaches und Trainer haben wir vieles gesehen und erlebt, was zu wenig, zu viel oder einfach falsch gemacht wurde. Diese Erfahrung spiegelt sich in der Auswahl der vorgestellten Werkzeuge und Methoden wider. 42 Praxistipps vermitteln zudem sehr konkrete Ideen, wie ein Projekt erfolgreich und angemessen gemanagt werden kann.

Eine „agile" Sichtweise auf das klassische Projektmanagement

Agile Methoden wie Scrum, Kanban und Design Thinking sind derzeit in aller Munde. Überall heißt es, dass die Zukunft des Projektmanagements „agil" sei. Mit den Studien „Status Quo Agile", „Agiles PMO" und vielen Publikationen und Vorträgen haben wir intensiv zu diesem Thema geforscht. In vielen Fällen haben wir Unternehmen bei der „Agilisierung" ihres Projektmanagements begleitet. Wir glauben, dass dieses Thema von erheblicher Relevanz und zukunftsträchtig ist. Dies heißt aber nach unserer Meinung nicht, dass „klassisches" Projektmanagement aus der Mode kommt. Vielmehr glauben wir, dass die Grundkenntnisse im klassischen Projektmanagement die Nutzung agiler Methoden fundieren. Außerdem kommt es darauf an, wie klassisches Projektmanagement realisiert wird. Wir haben versucht, eine pragmatische, agil-orientierte Sichtweise zu vermitteln. So werden die Methoden für Planung, Controlling usw. im Buch ausführlich dargestellt. Gleichzeitig machen wir aber auch deutlich, wo Pläne, Checklisten etc. ihre Grenzen haben und wie sie sinnvoll und zielführend zu gestalten sind.

Mit diesen vier Zutaten erlaubt „Projektmanagement mit dem PM-Haus" einen Einstieg und Überblick über das Projektmanagement, der die wichtigsten Inhalte schnell und einfach verständlich macht und für die Praxis vermittelt, „worauf es ankommt".

Wir wünschen viel Erfolg beim Erschließen und der Umsetzung der Schlüsselfaktoren des Projektmanagements!

Koblenz und Schwalbach im März 2017

Ayelt Komus   Jutta Putzer

Orientierungshilfen im Text

Um den Text übersichtlich zu gestalten und zu strukturieren, haben wir verschiedene typografische und ikonografische Elemente verwendet.

ANTWORTEN IN DIESEM KAPITEL

Zu Beginn jedes Kapitels finden Sie in einer übersichtlichen Auflistung dessen wesentliche Schwerpunkte. Gekennzeichnet haben wir diese Aspekte mit dem 👍-Symbol als Marginalie mit der Bezeichnung „Antworten in diesem Kapitel" (siehe links).

KERNAUSSAGEN UND HANDLUNGS- EMPFEHLUNGEN

Am Ende jedes Kapitels fassen wir alle Kernaussagen und Handlungsempfehlungen prägnant zusammen. Diese Zusammenfassungen sind am Seitenrand mit dem 🙌-Symbol gekennzeichnet und runden das Kapitel ab (siehe links).

BEGRIFFSDEFINITION

Begriffsdefinitionen sind mit einer 💬-Marginalie und dem jeweiligen Begriff als Bezeichnung versehen. Die Definition ist mit einem grauen Hintergrund hervorgehoben.

DOWNLOAD

Zu vielen Themen stellen wir Ihnen weiterführende oder ergänzende Materialien als Download bereit. Die entsprechende Internetadresse geben wir an den mit dem 👆-Symbol markierten Stellen an. Diese sind mit einem grauen Hintergrund hervorgehoben.

PRAXISTIPP

Unsere mit dem ✖-Symbol versehenen Praxistipps liefern Ihnen wertvolle Hinweise für die Durchführung einzelner Aspekte des jeweiligen Kapitels. Die Praxistipps sind mit einem grauen Hintergrund hervorgehoben.

STORY „HERR FELIX"

Im Buch ist das Thema Projektmanagement anhand des durchgängigen Beispiels „FlexVelo" mit Herrn Felix als Projektleiter beschrieben. Diese Story ist typografisch mit einem grauen Hintergrund ohne Marginalien gekennzeichnet.

2 Projekte und Projektmanagement

„Projekte" und „Projektmanagement" gewinnen in Unternehmen seit vielen Jahren stetig an Bedeutung. Projektmanager werden als Mitarbeiter gesucht; Trainingsanbieter, Schulen, Berufsschulen und Hochschulen bieten Kurse und Übungen zum Projektmanagement an; Wissenschaft, Verbände und Konferenzen behandeln Fragestellungen des Projektmanagements. Zunehmend wird von einer Projektmanagement-Wirtschaft gesprochen. Die Fähigkeit, Projekte zielführend und sicher zu managen, wird verstärkt als Schlüsselfaktor des beruflichen und unternehmerischen Erfolgs eingeordnet.

Warum spielen Projekte und Projektmanagement immer wichtigere Rollen?

Für eine Beantwortung dieser Frage ist zunächst zu erschließen, was ein Projekt ausmacht: Eine Vielzahl von Definitionen steht zur Verfügung, um ein **Projekt** als solches zu erkennen. So definiert die DIN 69901 ein Projekt als *„Vorhaben, das im Wesentlichen durch Einmaligkeit der Bedingungen in ihrer Gesamtheit gekennzeichnet ist"* (Abbildung 1). Als Beispiele für die Einmaligkeit werden die Zielvorgabe, Begrenzungen zeitlicher, finanzieller oder personeller Art sowie die Organisationsform genannt. Auch andere Definitionen zielen vor allem auf die Besonderheit der Aufgabe und Begrenzung bzw. Abgrenzbarkeit von Projektzeitraum und -aufgabe ab.

PROJEKT UND PROJEKTMANAGEMENTBEGRIFF

Projekte und Projektmanagement

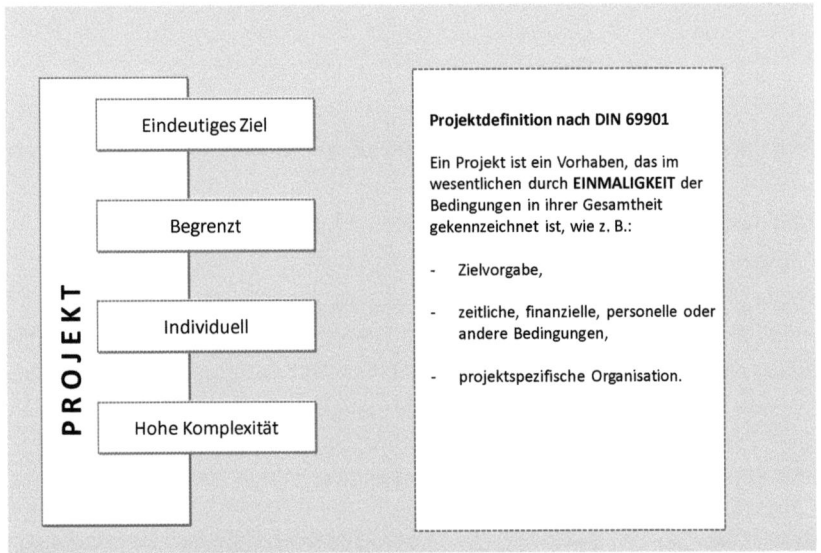

Abbildung 1: Projektdefinition nach DIN 69901

Ein Projekt ist demnach nicht Teil des *Tagesgeschäfts*, der allgemeinen Routine. Daraus ergeben sich weitreichende Unterschiede für das Managen von Projekten. Die Abläufe des Tagesgeschäfts zeichnen sich durch ihren Wiederholungscharakter aus. Leistungen und Produkte werden über einen langen Zeitraum immer wieder in der gleichen Form erbracht bzw. produziert. Die vielfache Wiederholung erlaubt es, aus Fehlern zu lernen, Abläufe immer wieder zu studieren und zu optimieren. Die sogenannte *Lernkurve* ermöglicht permanente Verbesserungen.

Hingegen ist das Durchlaufen der Lernkurve bei einem Projekt nicht möglich; es ist ja qua Definition einmalig. Diese Einmaligkeit führt dazu, dass vielfach nicht einmal die genaue Wunschausprägung des Ziels bekannt ist. Noch unsicherer sind die geeigneten Wege, Werkzeuge und Prozesse.

BEISPIELE FÜR NICHT IM DETAIL VORAB BEKANNTE ZIELE

Wir möchten erstmals auf den Mond fliegen; die Details, wie dies am besten zu gestalten ist, sind aber unklar. Ist es besser, mit der Hauptrakete auf dem Mond zu landen oder sollte nur eine kleine Landekapsel die letzten Meilen zur Mondoberfläche fliegen? Oder: Wir wollen eine neue Generation Smartphones auf Basis berührungsempfindlicher Bildschirme bauen. Wie groß sollte ein Bildschirm sein, um das optimale Verhältnis von Mobilität und Darstellung zu realisieren?

Das Management von Projekten, also das Projektmanagement, wird ebenfalls in der DIN 69901 definiert. Es wird als „Gesamtheit von Führungsaufgaben, -organisation, -techniken und -mitteln für die Initiierung, Definition, Planung, Steuerung und den Abschluss von Projekten" beschrieben.

DEFINITION PROJEKTMANAGEMENT

Beim Projektmanagement sind besondere Fähigkeiten gefordert, die von den Fähigkeiten des Linienmanagements abweichen oder andere Schwerpunkte setzen. Besonders wichtige Kompetenzen des Projektmanagements sind

- das Erkennen, Analysieren und Lösen von Problemen,
- zielgerichtetes und systematisches Handeln und
- die Anwendung von Problemlösungsmethoden

in einem unsicheren Umfeld.

Aus der fehlenden Lernkurve und der nicht vorhandenen Klarheit bezogen auf Ziele und Vorgehensweise zur Zielerreichung im Detail resultiert eine Vielzahl von Unterschieden zwischen gutem Linienmanagement und gutem Projektmanagement. Die Abbildung 2. zeigt einige der Unterschiede.

Kriterien / Organisation	Linienmanagement	Projektmanagement
Ziele	nicht alle genau festgelegt	konkret
Zeitvorgabe zur Zielerreichung	dauerhaft	auf Projektdauer begrenzt
Abwicklung	routinemäßig	einmalig
Kosten	Rahmenplanung, meist bekannt	Schätzkosten
Finanzielle Vorgaben	nur begrenzt	durch Projektauftrag fixiert
Kontrolle	systemimmanent	durch Reviews und Abschlussbericht
Ganzheitlichkeit	im Rahmen des Möglichen auf Abteilung begrenzt	abteilungsübergreifend
Delegation von Verantwortung	auf Hierarchien begrenzt	hierarchieübergreifend

Abbildung 2: Linien- vs. Projektmanagement

Zusammenfassend lässt sich sagen, dass Projektmanagement qua seines Auftrags die Herausforderung bedeutet, etwas Einmaliges, noch nie Dagewesenes zu managen.

Dort, wo das Linienmanagement mit Sicherheit und Lernkurven arbeiten kann, muss das Projektmanagement Wege finden, auf unbekanntem Gebiet ein oft noch nicht im Detail verstandenes Ziel zu erreichen.

Wandel als Konstante – die zunehmende Bedeutung von Projektmanagement

KOMPETENZ DES PROJEKTMANAGEMENTS IMMER WICHTIGER

Märkte und Wettbewerber stehen nicht still. Vielmehr beschleunigt der Wandel Markt- und Technologieveränderungen. Die schnelle Verbreitung von Technologien wie Smartphone, Elektrofahrrädern oder Assistenzsystemen in Autos verbunden mit dem rasanten Aufstieg neuer Unternehmen wie Google, Facebook oder Uber verdeutlichen, wie schnell sich Abläufe, Produkte und Märkte grundlegend verändern. In diesem Zusammenhang wird ersichtlich, warum Projektmanagement so eine weitreichende Bedeutung im Wirtschaftsleben hat. Gemäß der Devise

„Nicht die Großen fressen die Kleinen, sondern die Schnellen die Langsamen"

spielt das sichere und schnelle Meistern von Veränderungen und Innovationen an vielen Stellen eine viel gewichtigere Rolle als das kontinuierliche Optimieren und Verbessern der Linienorganisation. Die Kompetenz des Projektmanagements wird nicht nur immer häufiger benötigt, sie wird auch immer bedeutsamer, um die Wettbewerbs- und Überlebensfähigkeit der Organisation zu gewährleisten.

3 Das Projektmanagement-Haus

Erfolgreiches Projektmanagement lebt vom Zusammenspiel der unterschiedlichsten Komponenten und Faktoren. Es ist typisch und meist gewünscht, dass im Projekt Mitarbeiter verschiedenster Herkunft – fachlich, sozial, bezogen auf den Unternehmensbereich – zusammenkommen, um mit noch nicht ausgereiften Technologien und Methoden etwas zu entwickeln, das so noch nie da war.

Dies bedeutet eine große Herausforderung. Es gilt, harte Faktoren wie die Budgeteinhaltung, die Sicherung von Qualitätsstandards, die Einhaltung von Terminen etc. und weiche Faktoren wie Teamzusammenhalt, Motivation, Akzeptanz der Projektergebnisse etc. gleichermaßen zu managen. Zu diesem Zweck steht eine große Zahl von Methoden und Techniken zur Verfügung, die dem Projektleiter eine sichere Steuerung des Projekts ermöglichen, auch wenn die Aufgabenstellung multiple Herausforderungen und Fallstricke bereithält.

Diese Fülle an Methoden bedeutet zugleich auch eine besondere Herausforderung in der Aneignung der notwendigen Kompetenzen für das Projektmanagement. Hier hilft die Strukturierung durch das „Projektmanagement-Haus" (Abbildung 3).

Das Projektmanagement-Haus

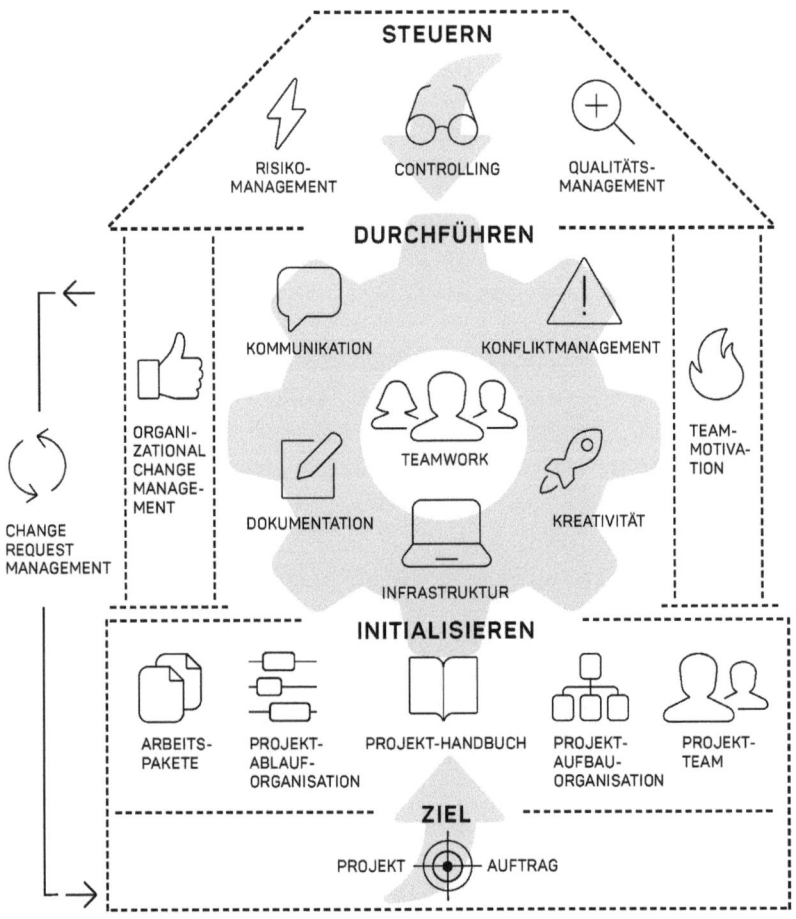

Abbildung 3: Das PM-Haus

DIE VIER BEREICHE DES PM-HAUSES

Das Projektmanagement-Haus veranschaulicht wichtige Aufgabengebiete des Projektmanagements in folgenden vier Bereichen:

Ziel

In diesem erfolgskritischen Bereich geht es darum, das Projekt mit dem richtigen Auftrag auf den Weg zu bringen. Typische Fragestellungen, die es zu beantworten gilt, sind:

- Ist die Aufgabe überhaupt ein Projekt?
- Was wird vom Projekt als Ergebnis erwartet?
- Welche Ressourcen stehen zur Verfügung?

Initialisieren

In diesem Bereich wird das Projekt auf Basis der definierten Ziele präzise geplant. Arbeitspakete, vorgesehener Ablauf, Struktur des zukünftigen Projektteams und das Projektteam selbst werden bestimmt und sind somit – dokumentiert im Projekthandbuch – die Basis einer erfolgreichen Projektdurchführung.

Durchführen

Die „eigentliche" Leistungserbringung stellt das Projektmanagement vor Aufgaben in den unterschiedlichsten Feldern. Projektteam, zukünftige Nutzer und andere Stakeholder müssen informiert und eingebunden werden. Geeignete Methoden, Regelungen, Kommunikation und Infrastruktur erlauben die gezielte Förderung von Kreativität sowie das konstruktive Management von Konflikten. Ergänzt werden die Tätigkeiten der Durchführen-Phase von der Dokumentation der Projektergebnisse und dem *Change Request Management*, in dem Änderungen zum Projektauftrag bewertet und entschieden werden.

Steuern

Begleitend zur Projektdurchführung unterstützen Controlling und Qualitätsmanagement die Projektleitung und stellen die Informationen und Hinweise zur Verfügung, um den Projektfortschritt qualitativ und quantitativ beurteilen und gegebenenfalls notwendige Schritte ableiten zu können. Das Risikomanagement erkennt Gefahren und Chancen am Projekthorizont, um entsprechend rechtzeitig agieren zu können.

Ziel des Projektmanagement-Hauses ist es, die notwendigen Aufgabenfelder und Kompetenzen auf einen Blick darzustellen. Seine grundlegende Prozessrichtung wird anhand der Reihenfolge Ziel → Initialisierung → Durchführung → Steuerung deutlich. Abbildung 4 vollzieht eine grobe Zuordnung der einzelnen Themenfelder zu einem typischen Projektablauf.

Das Projektmanagement-Haus

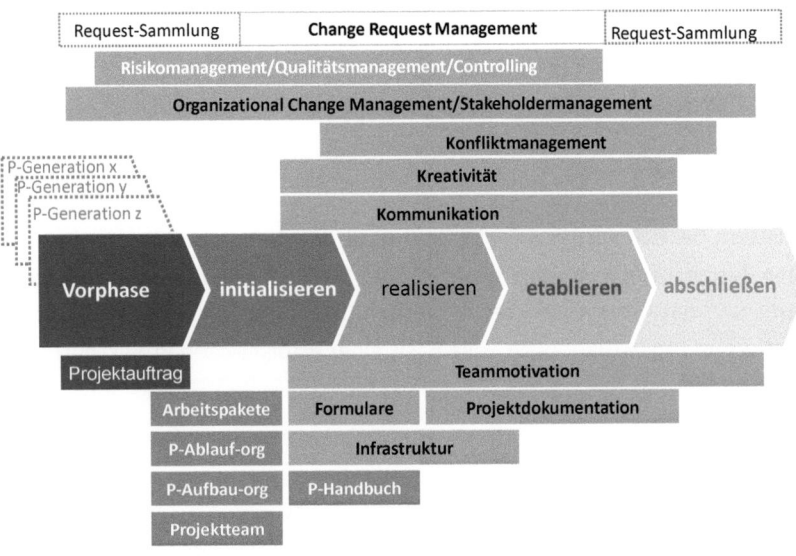

Abbildung 4: Projektmanagementfelder des PM-Hauses im Projektverlauf

Auf eine weitergehende, detailliertere Prozessdarstellung wird hier bewusst verzichtet, da sie der Komplexität der Zusammenhänge und Abhängigkeiten in der Projektpraxis nicht gerecht werden würde. Vielmehr sollten Überlappungen und Parallelen der verschiedenen Bereiche nicht nur in Kauf genommen, sondern in weiten Teilen als sinnvoller Normalfall begriffen werden (vgl. auch Kapitel Schluss, Abschnitt „Realisieren, Etablieren Abschließen", Seite 185).

PM-HAUS DECKT DIE WICHTIGSTEN ASPEKTE AB

Das Projektmanagement-Haus deckt nicht alle Bereiche des Projektmanagements gleichmäßig ab. Es werden vor allem auch diejenigen Aspekte berücksichtigt, die im Tagesgeschäft oftmals zwar vernachlässigt werden, aber trotzdem erfolgskritisch sind. Die vorliegende Publikation versteht sich als Grundlagenbuch. Ziel ist es, einen Überblick mit besonderem Fokus auf erfolgskritische Aspekte zu geben. Für das erfolgreiche Management komplexer Projekte bedarf es natürlich weitergehender Literaturstudien, vor allem aber erfolgreicher und reflektierter Praxiserfahrungen, die durch Trainings und insbesondere Coachings unterstützt werden sollten.

4 Ziel – der Projektauftrag

„Sage mir, wie ein Projekt beginnt – und ich sage dir, wie es endet!"
(unbekannt)

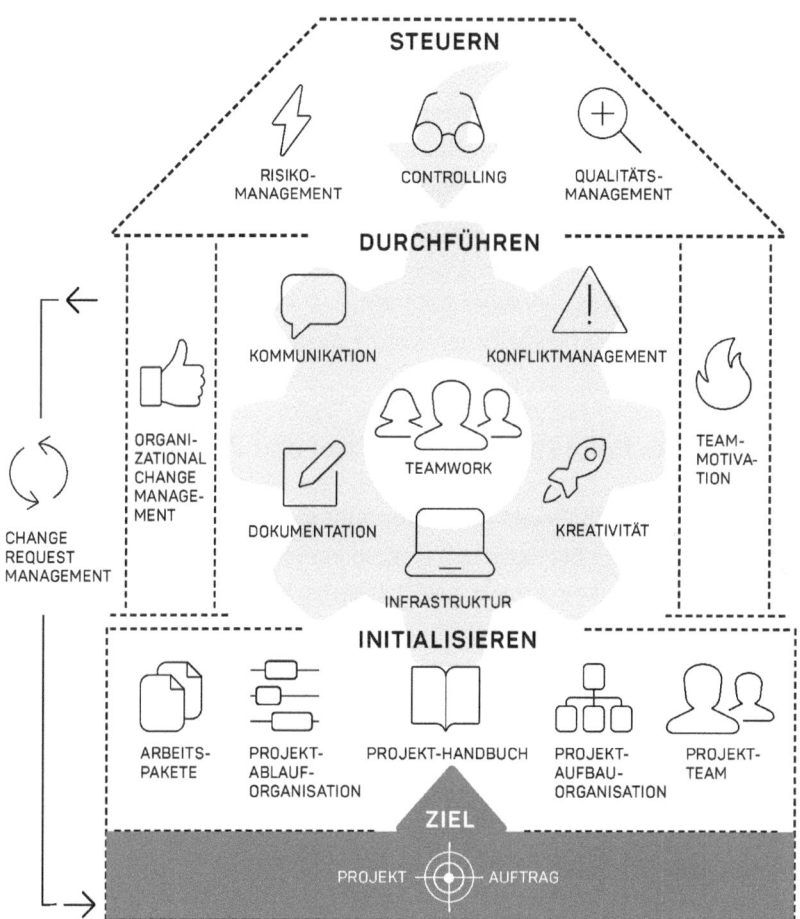

Die Formulierung des Projektauftrags ist Ausgangsbasis des späteren Projektmanagements. An dieser Stelle werden die Weichen für das gesamte Projekt gestellt. Wie bei einem Gebäude gilt: Wenn das Fundament nicht einwandfrei gelegt ist, kann auch das Gesamtresultat nicht von guter Qualität sein.

Ziel – der Projektauftrag

> Herr Felix ist erfahrener Projektleiter bei der ProVelo GmbH (siehe Organigramm Seite 189). Das Unternehmen produziert erfolgreich Fahrräder in verschiedenen Segmenten. Die Geschäftsführerin Frau Sommer beauftragt Herrn Felix, einen neuen Fahrradtyp zu entwickeln. Das Modell soll gleichermaßen als Rennrad und als Tourenrad eingesetzt werden können. In seiner Bauweise soll es also leicht *und* robust sein. Weitere Informationen hat Herr Felix nicht erhalten. Er überlegt, wie er den Projektauftrag klar definiert, sodass bei allen Mitarbeitern des Projektteams ein gemeinsames Verständnis für das zu erreichende Ziel entsteht.

ANTWORTEN IN DIESEM KAPITEL

- Welche Rolle spielen Projektziel und Projektauftrag?
- Welche Perspektiven treffen bei der Zielfindung aufeinander?
- Wie funktioniert eine Zielanalyse?
- Wie hängen Projektvision, strategische und operative Projektziele zusammen?
- Wie sollte ein operatives Ziel formuliert werden?
- Was ist ein Projektauftrag? Welche Bestandteile sind enthalten?

4.1 Welche Rolle spielen Projektziel und Projektauftrag?

EINMALIGKEIT DES VORHABENS

Wie dargestellt ist ein Projekt gekennzeichnet durch die Einmaligkeit des Vorhabens. Während im Tagesgeschäft eingespielte, funktionierende Prozesse sicherstellen, muss für ein Projekt zunächst genau geklärt werden, was erreicht werden soll, welche Rahmenbedingungen dabei zu berücksichtigen sind und vieles mehr. Umso wichtiger sind gemeinsames Zielverständnis und klarer Projektauftrag, der Orientierung gibt.

Das gemeinsame Zielverständnis bildet somit die Basis für eine erfolgreiche Projektdurchführung und schlägt sich im Projektauftrag nieder.

Projektziele haben eine Vielzahl von Funktionen:

- Mit der exakten, schriftlichen Formulierung der Ziele können die Erwartungen der Beteiligten abgeglichen werden, um ein gemeinsames Verständnis zu erarbeiten.
- Ziele stellen die Basis für die Projektplanung dar.
- Definierte Ziele sind Grundlage des Projektauftrags.

- Projektauftrag, abgeleitete Vorgaben und Projektplanungen bilden die Grundlage, um im Projektcontrolling aussagekräftige Soll-Ist-Vergleiche aufzustellen.
- Ziele und Projektauftrag ermöglichen eine Ex-post-Betrachtung, um die Frage zu beantworten, ob das Projekt tatsächlich erfolgreich war.

4.2 Welche Perspektiven treffen bei der Zielfindung aufeinander?

Herr Felix unterhält sich mit Herrn Stark aus der Fertigung. Herr Stark soll das Projekt unterstützen. Gemeinsam diskutieren sie die neue Produktidee. Herr Stark teilt Herrn Felix mit, dass er schon länger die Idee für ein Kombinationsprodukt habe und vor seinem geistigen Auge bereits das fertige Produkt sehe. Der ausschlaggebende Erfolgsfaktor sei für ihn das Design, das futuristisch sein solle und sich durch außergewöhnliche Farbkompositionen hervorhebe. Herr Felix ist da ganz anderer Meinung. Für ihn muss das Design der Funktion folgen. Die Materialien und das Gewicht sind für ihn wichtiger als das Aussehen.

In den meisten Projekten sind mehrere Teilnehmer beteiligt, entsprechend treffen verschiedene Perspektiven aufeinander. Nicht nur die Zielvorstellungen, sondern bereits die Wahrnehmungen des Ist-Zustands können deutlich voneinander abweichen. Menschen konstruieren ihre subjektive Realität – mit eigenen Ansichten, Meinungen und Erfahrungen. Bei der Zielfindung ist es wichtig, dies zu berücksichtigen.

SUBJEKTIVE REALITÄT

Jedes Projektmitglied hat eine persönliche, subjektive, von seinen Erfahrungen und Ansichten geprägte Vorstellung des zu erreichenden Ziels. Ein gemeinsames Zielverständnis ist aber die Voraussetzung, um in der späteren Projektarbeit alle Aktivitäten und Maßnahmen so auszurichten, dass das angestrebte Projektergebnis erreicht werden kann (vgl. Wie beeinflusst unsere Wahrnehmung Konflikte?, Seite 118).

4.3 Welche Bedeutung hat eine Zielanalyse?

ANFANGSPHASE Die Anfangsphase von Projekten hat großen Einfluss auf den weiteren Verlauf, doch gerade hier werden die meisten Fehler gemacht. Eine fundierte Zielanalyse trägt zum „sicheren" Start des Projekts bei. Sie hilft, die relevanten Ziele zu erkennen und Fehler im „Fundament" des PM-Hauses zu vermeiden. In der Startphase ist das Projektteam i. d. R. noch nicht zusammengestellt, daher ist zunächst zu klären, welchen Personen ein Mitspracherecht bei den Projektzielen eingeräumt wird und wie der Entscheidungsprozess aussehen soll.

ZIELFINDUNGS-PROZESS Am Zielfindungsprozess sollten unbedingt der Auftraggeber, der Projektleiter und das Projektteam, soweit es zu diesem Zeitpunkt schon bekannt ist, beteiligt werden. Diese Akteure müssen das Projekt schließlich später aktiv tragen. Aber auch alle anderen, die von den Projektergebnissen betroffen sein werden, die sogenannten Stakeholder, sind zu involvieren. Wird bspw. ein neues Produkt entwickelt, so sind nicht nur die Mitarbeiter aus Vertrieb, Forschung und Entwicklung und Produktion, sondern auch Kunden, Lieferanten und ggf. öffentliche Institutionen, Anwohner etc. zu berücksichtigen. Wie Stakeholder einzubinden und ihre Interessen zu analysieren sind, beschreibt der Abschnitt „Wie funktioniert eine Stakeholder-Analyse?" insbesondere auf Seite 89. Durch Einbezug der Stakeholder wird das Risiko von Fehlentwicklungen, unnötigen oder unvorhergesehenen Widerständen und Nichtakzeptanz deutlich reduziert.

4.4 Wie hängen Projektvision, strategische und operative Projektziele zusammen?

Bei umfangreichen Projekten müssen die Zielvorgaben mit unterschiedlichem Zeithorizont und Detaillierungsgrad formuliert werden. Langfristige Ziele wie die „Projektvision" geben dem Team eine übergeordnete Orientierung. Sie sind wenig detailliert, verdeutlichen aber den Sinn des Projekts und sind beständiger als mittel- und kurzfristige Ziele. Auch wenn sich die Rahmenbedingungen ändern, bleiben langfristige Ziele gültig und geben einen Anhaltspunkt, was richtig und wichtig ist. Hingegen sind die strategischen und operativen Projektziele spezifischer und können eher in konkrete Maßnahmen umgesetzt und bzgl. ihres Zielerreichungsgrads nachverfolgt werden.

Ziel – der Projektauftrag

Eine Projektvision beschreibt das perspektivische, also sehr langfristige übergeordnete Projektziel. Die Vision vermittelt Sinn und Bezugsrahmen für strategische und operative Projektziele.

PROJEKTVISION

Mit einer gemeinsamen Vision wird eine gemeinsame Identität für das Projekt geschaffen. Damit eine Vision ihre volle Kraft entwickeln kann, müssen alle Projektmitglieder mit ihr vertraut sein.

Strategische Projektziele umfassen langfristig erreichbare Ziele, die etappenweise zur Verwirklichung der Vision beitragen. Zugleich schaffen Sie den Rahmen zur Ableitung der operativen Projektziele.

STRATEGISCHE PROJEKTZIELE

Basierend auf den Rahmenvorgaben der strategischen Projektziele werden die operativen Projektziele erarbeitet. Operative Projektziele sind aus den strategischen Zielen abgeleitete Einzelvorgaben, deren erfolgreiche Realisierung notwendig ist, um die definierten strategische Ziele zu erreichen (Abbildung 5).

OPERATIVE PROJEKTZIELE

Abbildung 5: Zielhierarchie als Grundlage des Projekts

Ziel – der Projektauftrag

Herr Felix formuliert zunächst die Projektvision:
Das Fahrrad der Zukunft verknüpft die positiven Eigenschaften eines leichten Rennrads und eines robusten Tourenrads. ProVelo soll führender Hersteller in diesem Segment sein. Das Projekt FlexVelo entwickelt ein erstes Fahrrad dieser neuen Generation und trägt auf diese Weise dazu bei, den neuen Markt zu erobern.
Seine strategischen Ziele sind:
Das Projekt FlexVelo erstellt einen Prototyp für ein Fahrrad der nächsten Generation, das die herausragenden Eigenschaften eines leichten Rennrads und eines robusten Tourenrads verknüpft. Das Projekt FlexVelo wird diesen neuen Fahrradtyp bis zum Ende des Jahres zur Marktreife bringen. Dieser Prototyp ist die Basis für die erste Serie des neuen Typs und bildet die Grundlage für die Entwicklung weiterer Varianten.

KURZ-
DARSTELLUNG
PROJEKTZIEL

Kann das Projektziel in nur einem oder wenigen Sätzen und in maximal zwei Minuten dargestellt werden? Nur wenn das Projektziel kurz, einfach und prägnant dargestellt werden kann, ist davon auszugehen, dass das Ziel „zu Ende gedacht" ist und auch Dritte verstehen werden, warum das Projekt von Vorteil ist.

4.5 Wie sollte ein operatives Ziel formuliert werden?

Gut formulierte operative Ziele sind entscheidend für die Umsetzbar- und Nachvollziehbarkeit. Operative Ziele verdeutlichen schon zu Projektbeginn das zum Projektabschluss angestrebte Ergebnis und lassen sich in operativen Handlungen umsetzen.

VOM ENDE
HER DENKEN

Hilfreich ist es, sich bei der Zielformulierung folgende Frage zu stellen: Wie wird das Projektergebnis später genutzt? Es gilt, vom Ende her zu denken! Worin besteht das eigentliche Ziel? Von wem? Wie aufwändig sind der weitere Betrieb, die Wartung und Nutzung des Projektergebnisses? Wie aufwändig sind spätere Anpassungen, Änderungen, Erweiterungen?

Alle Beteiligten sollten das Ziel identisch verstehen und gleichermaßen verfolgen. Ziele sollten klar und deutlich formuliert sein, d. h., Vorgaben, aber auch Freiräume und Grenzen werden offensichtlich. Auch später notwendige Detailentscheidungen sollen sich an formulierten Zielen ausrichten können.

Ziel – der Projektauftrag

Herr Felix macht sich Gedanken über die Projektziele und ihre Fixierung: Was soll das neue Fahrrad auszeichnen? Wie sieht die genaue Produktspezifikation aus? Welche Kosten sind maximal zu veranschlagen und wie ist die Qualität sicherzustellen? Welcher zeitliche Rahmen ist für die Entwicklung vertretbar? Seines Erachtens ist es unumgänglich, dass er sich als Projektleiter mit Frau Sommer, der Auftraggeberin, und anderen involvierten Personen zusammensetzt, um gemeinsam eindeutige Projektziele zu formulieren und zu operationalisieren. Die Erarbeitung der Ziele begreift er als kommunikativen Prozess. Er stellt sich die Frage: „Wann ist das Projekt erfolgreich?". Herr Felix wünscht sich einen intensiven Dialog zwischen Frau Sommer und allen Beteiligten. Darin sieht er einen wichtigen Erfolgsfaktor für das Gelingen des Projekts.

Eine Methode, um Klarheit hinsichtlich der strategischen und operativen Ziele zu schaffen, ist das SMART-Prinzip. Es hat sich in der Praxis als sehr hilfreich erwiesen, um klare Ziele zu formulieren (vgl. Tabelle 1).

SMART-METHODE

S M A R T	Erläuterung
S – spezifisch	Ist das Ziel verständlich, präzise und in seinem Ausprägungsgrad eindeutig formuliert, sodass es keinen Spielraum für Interpretationen gibt?
M – messbar	Ist das definierte Ziel messbar? Woran ist zu erkennen, dass das Projektziel erreicht wurde?
A – aktionsorientiert	Ist das Ziel weitgehend selbst zu beeinflussen? Liegt es in der Hand des Projektmitarbeiters, das Ziel zu erreichen?
R – realistisch	Ist das Projektziel erreichbar?
T – terminiert	Ist ein klarer Zeitpunkt für die Zielerreichung angegeben? Ist ein Termin für das Ende des Projekts festgelegt?

Tabelle 1: SMART-Prinzip

Ziel – der Projektauftrag

Herr Felix prüft, ob die entwickelten operativen Ziele dem SMART-Anspruch genügen (vgl. Tabelle 2).

SMART	FlexVelo
S – spezifisch	Entwicklung eines Renntouren-Fahrrads inklusive aller notwendigen Tests sowie eines funktionierenden und wirtschaftlichen Produktionsprozesses.
M – messbar	Geringes Gewicht des Fahrrads < 11 kg, Note 2+ oder besser in den Konsumenten-Akzeptanztests. Bestehen der technischen Tests nach Verbandsvorgaben. Kosten des Entwicklungsprojekts < 380 000 Euro, Projektdauer max. 8 Monate.
A – aktionsorientiert	Das Projektteam verfügt über die notwendigen Ressourcen, das notwendige Know-how und ausreichende Entscheidungskompetenz, um das Projekt zum Abschluss zu bringen. Ausreichende Budgets zur Einbindung Externer sind vorhanden.
R – realistisch	Bisherige Prototypen haben ein Gewicht von 12 kg. Diverse Möglichkeiten wurden identifiziert, um weiteres Gewicht einzusparen.
T – terminiert	Fertigstellung bis Ende November.

Tabelle 2: SMART-Prinzip FlexVelo

Herr Felix ist zufrieden: Die definierten Ziele entsprechen dem SMART-Prinzip.

ANPASSUNG VON ZIELEN
Definitionsgemäß ist ein Projekt ein Vorhaben, das eine einmalige Aufgabenstellung beinhaltet. Entsprechend können vorab meist nicht alle Aspekte und Vorgaben vollständig durchdrungen werden. Es empfiehlt sich, konstruktiv mit diesem Umstand zu verfahren. Dies heißt, operative Ziele sollten so gut wie möglich entsprechend dem SMART-Vorgehen formuliert werden. Ungeklärte Aspekte sollten benannt werden, ggf. sind Bandbreiten besser als nicht fundierte spezifische Zielvorgaben. Allen Beteiligten sollte von vornherein klar sein, dass operative Ziele mit fortschreitendem Projektverlauf und Kenntnisstand evtl. angepasst werden müssen.

Die weitere Ausgestaltung und Überprüfung der Ziele ist dann eine fortlaufende Aufgabe aller Beteiligten, die entsprechend in der Planung berücksichtigt werden sollte. Hier sollten die strategischen Vorgaben und die klare Projektvision eine große Hilfe sein.

Neben den expliziten („offiziellen") Zielen gibt es auch eine Vielzahl verborgener Ziele, sie bilden die sogenannte *Hidden Agenda*, bspw. politische Ziele, die nicht benannt werden sollen, o. Ä. Der Projektleiter sollte diesbezüglich sensibel sein und auch „zwischen den Zeilen" nach derartigen Zielen suchen. Abhängig vom Vertrauensverhältnis zwischen Auftraggeber und Projektleiter können solche Ziele dann weiter besprochen und ggf. berücksichtigt werden.

HIDDEN AGENDA

4.6 Was ist ein Projektauftrag? Welche Bestandteile sind enthalten?

Die entwickelten Projektziele werden im Projektauftrag fixiert. Er dient gleichermaßen als „Vertrag" zwischen Auftraggeber und Projektmanagement, steckt die Erwartungshaltungen ab und gibt den Rahmen für die Projektarbeit vor. Der Projektauftrag wird meistens in der Vorphase des Projekts verfasst und dient als Basis für das anstehende Projekt. Projektvision, strategische und operative Ziele werden im Projektauftrag schriftlich festgehalten. Dies sollte in einer klaren, verständlichen Sprache erfolgen.

In einem guten Projektauftrag sind alle wichtigen Gesichtspunkte und Rahmenparameter aufgeführt. Demnach sollten folgende Elemente enthalten sein:

ELEMENTE EINES PROJEKTAUFTRAGS

- Projektname/Version
- Auftraggeber
- Projektbeginn
- Projektvision*
- operative Ziele**
- Meilensteine
- Stakeholder
- kritische Erfolgsfaktoren
- Unterschriften***

- Datum des Projektauftrags
- Auftragnehmer/Projektleiter
- Projektende
- strategische Ziele
- Qualitäts-/Messkriterien
- Kosten/Ressourcen/Personal
- Risiken
- sonstige Vereinbarungen

* ggf. mit Ausgangssituation und Rahmenbedingungen
** zu erarbeitende Ergebnisse/Deliverables
*** Auftraggeber, Auftragnehmer/Projektleiter

Ziel – der Projektauftrag

Mit der Unterschrift wird der Projektauftrag für den Auftraggeber und den Auftragnehmer verbindlich. Rechte und Pflichten sollten für die Beteiligten offensichtlich werden. Zudem ergibt sich aus der Unterschrift der Effekt emotionaler Verbundenheit.

Herr Felix erarbeitet einen Projektauftrag mit den Kerninformationen und Kennzahlen des Projektvorhabens (Abbildung 6).

Projektauftrag			
Projektname/Nr.	FlexVelo-Prototyp		
Datum	30. Januar	**Version**	1.1
Auftraggeber	Geschäftsführung ProVelo Frau Sommer	**Auftragnehmer/ Projektleiter**	Herr Felix
Projektbeginn	30. März	**Projektende**	30. November
Projektvision Ausgangssituation/ Rahmenbedingungen	Das Fahrrad der Zukunft verknüpft die positiven Eigenschaften eines leichten Rennrads und eines robusten Tourenrads und die ProVelo wird führender Hersteller in diesem Segment sein. Das Projekt FlexVelo ist die Basis dafür.		
Strategische Zielsetzung	Das Projekt FlexVelo erstellt einen Prototyp für ein Fahrrad der nächsten Generation, das die herausragenden Eigenschaften eines leichten Rennrads und eines robusten Tourenrads verknüpft. Das Projekt FlexVelo wird bis zum Ende des Jahres diesen neuen Fahrradtyp zur Marktreife bringen. Dieser Prototyp ist die Basis für die erste Serie des neuen Typs und bildet die Grundlage dafür, dass weitere Varianten entwickelt werden können.		
Zu erarbeitende Ergebnisse (operative Projektziele/ Deliverables)	• Entwicklung und Fertigung des FlexVelo-Prototyps zur Produktionsreife • Konsumenten-Akzeptanztests • Technische Tests • Dokumentation • Marketing- und Vertriebskonzept • Benchmark		

Abbildung 6: Ausschnitt Beispiel Projektauftrag FlexVelo

Ziel – der Projektauftrag

Herr Felix stellt den erarbeiteten Projektauftrag für das Projekt FlexVelo der Geschäftsleitung vor. Das komplette Dokument siehe Kapitel „Ergänzende Informationen und Abbildungen" auf den Seiten 190 und 191.

Unter www.pm-haus.de/downloads/projektauftrag.doc kann ein Formular für einen Projektauftrag heruntergeladen und als Vorlage verwendet werden.

DOWNLOAD PROJEKTAUFTRAG

Die Entwicklung von Vision, strategischen und operativen Zielen, fixiert im Projektauftrag, ist in der Praxis zumeist ein lang andauernder und aufwändiger Prozess, der nicht linear verläuft. Solange dies zu gemeinsam getragenen, klaren Zielen führt, ist die benötigte Zeit gut investiert. Nicht nur überprüfbare Projektergebnisse, sondern auch gemeinsam entwickelte Zielvorstellungen über die formulierten Parameter hinaus tragen zur erfolgreichen Projektarbeit auch bei Abweichungen vom ursprünglichen Plan – bspw. durch veränderte Rahmenparameter, neue Erkenntnisse o. Ä. – bei. Ein gemeinsames klares, nicht aber unnötig detailliertes Zielverständnis bildet die Basis für den späteren Projekterfolg.

Jedes Projekt sollte einen Namen haben. Dies erleichtert die Abgrenzung von anderen Vorhaben, vereinfacht Kommunikation und positive Außendarstellung. Der Name sollte einprägsam und positiv sein. Akronyme sind dabei vorteilhaft, bspw. „PEP" – **P**rodukt-**E**ntwicklungs-**P**rojekt.

EIN KIND BRAUCHT EINEN NAMEN

- Ein gut formulierter Projektauftrag gewährt im Verlauf des Projekts Orientierung für viele Einzelentscheidungen.
- Die gemeinsame Zielformulierung ist ein Prozess, der Missverständnisse ausräumt und die zugrunde liegende Motivation der Projektbeteiligten verständlich macht.
- Die Zielformulierung sollte schriftlich erfolgen. Ein Gedanke, der nicht aufgeschrieben werden kann, ist nicht zu Ende gedacht.
- Die Ziele sind während der Projektlaufzeit zu überprüfen. Vor sinnvollen Änderungen sollte nicht zurückgeschreckt werden.

KERNAUSSAGEN UND HANDLUNGSEMPFEHLUNGEN

5 Initialisieren – die Projektplanung

„Planen ist alles. Der Plan ist nichts." (unbekannt)

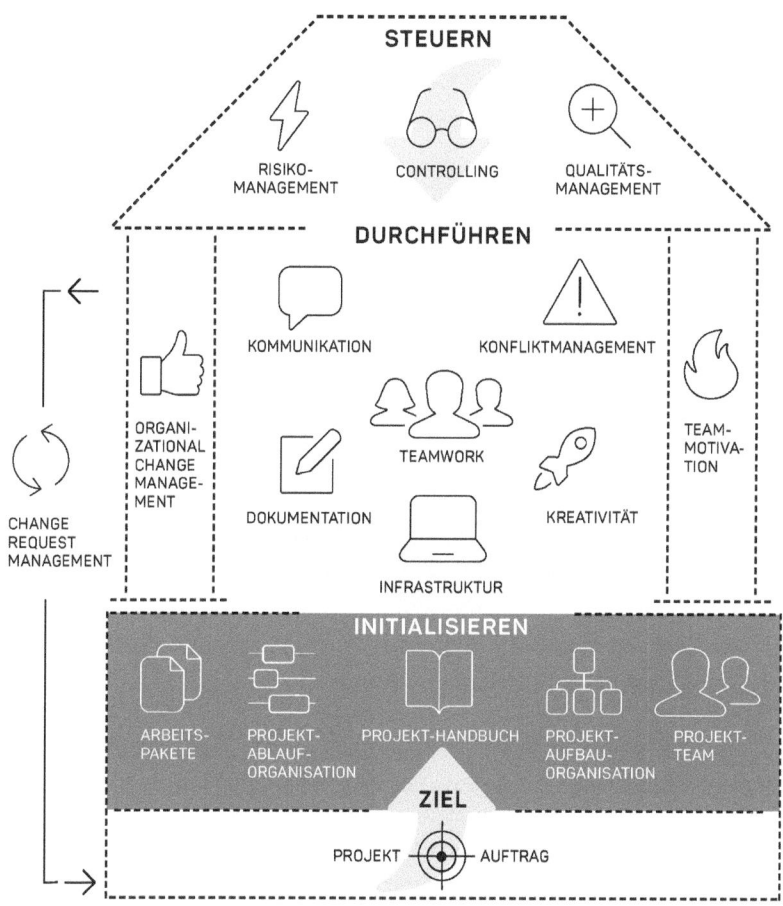

Die Initialisierung umfasst das „Aufsetzen" des Projekts. Das Projekt wird in dieser Phase geplant und strukturiert. Es wird festgelegt, wie es verlaufen soll.

Initialisieren – die Projektplanung

Die Initialisierung umfasst fünf Handlungsfelder

- Was ist zu tun? – ***Arbeitspakete***
  Hier werden die notwendigen Aktivitäten beschrieben.
- Welche Tätigkeitsreihenfolge ist optimal? – ***Projektablauforganisation***
  Hier wird festgelegt, in welcher Reihenfolge und wann die Aktivitäten durchgeführt werden sollen.
- Wie ist alles organisiert? – ***Projektaufbauorganisation***
  Hier wird beschrieben, wie das Projektteam strukturiert werden soll und welchen Rollen es gibt.
- Wer tut was? – ***Projektteam***
  Hier wird festgelegt, welche Personen das Projektteam bilden und wer welche Rolle(n) übernimmt.
- Wie organisiert sich das Projekt? – ***Projekthandbuch***
  Hier werden Regelungen, Werkzeuge, Zielvorgaben etc. auf dem jeweils aktuellen Stand als Hilfestellung für das Projektteam dokumentiert.

KONTINUIERLICHE PROJEKTPLANUNG Die Projektplanung findet kontinuierlich während der gesamten Projektdauer statt. In der Initialisierungsphase wird die Planung erstmalig durchgeführt, ist damit aber keinesfalls abgeschlossen. Pläne müssen laufend überprüft sowie ggf. verbessert und aktualisiert werden. Auch umfasst eine gute initiale Planung keine Detailplanung für spätere Phasen.

Das Geschick beim Planen besteht darin, die richtige Detaillierung zum richtigen Zeitpunkt zu finden. Zu Beginn des Projekts ist die Planung eher grob.

RICHTIGE DETAILLIERUNG Keinesfalls gilt, dass ein besonders detaillierter Plan per se besonders gut ist. Mitunter ist es sogar umgekehrt. Es gilt, zur rechten Zeit die erforderlichen Aktionen ausreichend detailliert zu planen und anderseits nicht zu viel Zeit und Energie in Detailpläne zu investieren, die sich später als weniger geeignet herausstellen. Drei Faktoren führen zur Notwendigkeit, Pläne im Projektverlauf anzupassen:

Initialisieren – die Projektplanung

Im Projektverlauf werden sich *Rahmenfaktoren* verändern. Diese Änderungen müssen im Projektverlauf berücksichtigt werden. Bestehende Pläne dürfen nicht die Bereitschaft mindern, neue Erkenntnisse zu berücksichtigen.

NEUE ERKENNTNISSE BERÜCKSICHTIGEN

Auch wird der *Auftraggeber* im Laufe der Zeit neue Erkenntnisse gewinnen, die anfangs noch nicht verfügbar sind. Ein Projekt, einmalig in der Summe seiner Eigenschaften, stellt den Auftraggeber vor die Herausforderung, etwas zu spezifizieren und zu beauftragen, für das noch keine oder nur wenige vergleichbare Erfahrungen vorliegen. In der Mehrzahl der Fälle wird also auch der Auftraggeber eine Lernkurve durchlaufen und erst auf Basis von Zwischenergebnissen und Erfahrungen aus dem Projekt ein besseres Verständnis davon entwickeln, was er wirklich benötigt. Ziele und resultierende Umsetzungsplanung werden sich also mit hoher Wahrscheinlichkeit verändern. Dies gilt insbesondere, je detaillierter die Planung Ziel und Vorgehen beschreibt.

ERKENNTNISSE AUFTRAGGEBER

Beim Projektteam werden im Verlauf des Projekts ebenfalls Lerneffekte eintreten. Mit zunehmendem Projektfortschritt wird deutlich, welche Instrumente und Methoden funktionieren und welche nicht; sukzessive versteht das Team besser, wie eine Realisierung aussehen sollte, welche Aspekte des geforderten Projektergebnisses wie herausfordernd sind und wie evtl. geringfügige Anpassungen ein besseres und einfacher zu realisierenden Ergebnis unterstützen können. Auch aus dieser Perspektive gilt, dass eine sehr detaillierte Planung mit langem Zeithorizont mit hoher Wahrscheinlichkeit nicht zweckmäßig sein wird; sie bedeutet nicht nur vergeblichen Aufwand, sondern stellt auch eine Barriere dar, wenn es darum geht, eine dann im Projektverlauf sinnvolle Lösung zu finden.

ERKENNTNISSE PROJEKTTEAM

Insgesamt sollte die Planung die Zielsetzung unmissverständlich fixieren, zugleich sollte der Detaillierungsgrad abnehmen, je weiter sie in die Zukunft reicht. Damit wird die Planung der zunehmenden Unsicherheit im Verlauf des Projekts gerecht (Abbildung 7).

DETAILLIERUNGSGRAD DER PLANUNG

Initialisieren – die Projektplanung

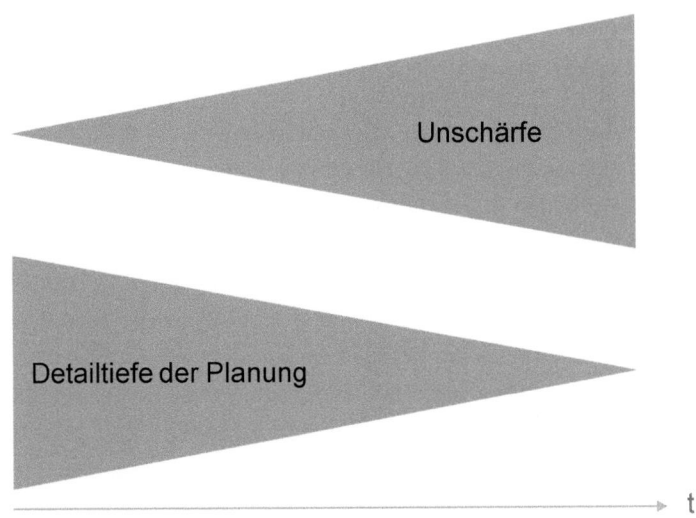

Abbildung 7: Planbarkeit und optimale Detailtiefe der Planung auf der Zeitachse

PLANUNG
FLEXIBEL HALTEN

Mach du nur einen Plan … Ergebnisse werden nie vollständig so eintreten, wie sie geplant wurden – darüber muss Klarheit bestehen. Durch die Planung werden die Sachverhalte jedoch besser durchdrungen und können besser gesteuert werden!

5.1 Arbeitspakete

Die Ziele des Projekts hat Herr Felix bereits festgelegt. Er überlegt, welche Schritte im Planungsprozess als Nächstes folgen. Nun gilt es, das Projekt zu detaillieren, einzelne Aufgaben und Abläufe zu beschreiben, Zuständige zu benennen. Ihm ist bewusst, dass er nicht mit allem auf einmal beginnen kann. Er denkt darüber nach, wie er die Arbeit aufteilt, damit sich die einzelnen Aufgaben gut bearbeiten lassen. Er beruft eine Projektsitzung ein, um mit der Geschäftsleiterin Frau Sommer und Herrn Stark, dem stellvertretenden Projektleiter, eine Lösung zu erarbeiten.

- Warum Arbeitspakete?
- Wie werden Arbeitspakete gegliedert? (Projektstrukturplan)
- Wie werden Arbeitspakete geplant und beschrieben?
- Wie hängen Projektstruktur-, Ablauf-, Budget- und Kostenplan zusammen?

ANTWORTEN IN DIESEM KAPITEL

5.1.1 Warum Arbeitspakete?

Nicht alle Projektaufgaben können gleichzeitig bewältigt werden und nur in wenigen Projekten kann jeder alles machen. Insbesondere bei größeren Projekten werden Aufgaben kleineren Teams zugeordnet. Hierfür ist eine Aufteilung des Projekts in Teilaufgaben nötig, in die sogenannten *Arbeitspakete*.

TEILAUFGABEN FESTLEGEN

Das Ziel ist es, Pakete zu schnüren, die sich gut durch einzelne Mitarbeiter oder Teilprojektteams getrennt bearbeiten lassen. Die Arbeitspakete dürfen jedoch auch nicht zu klein geraten, denn durch eine starke Zerteilung der Hauptaufgabe gehen Zusammenhänge verloren und der Blick fürs Ganze schwindet. Wichtig ist auch, dass sich die Pakete wieder sinnvoll zusammenführen lassen.

RICHTIGE GRÖßE FINDEN

Arbeitspakete sollen die Dreh- und Angelpunkte für Ressourcenplanung, Aufwands- und Fortschrittscontrolling sein. Insbesondere bei größeren Projekten und im Zusammenspiel mit einem modernen IT-gestützten Controlling sind Arbeitspakete ein strukturelles und organisatorisches Schlüsselelement. Wie gut ein Projekt voranschreitet, lässt sich am Fortschritt in der Bearbeitung der einzelnen Arbeitspakete erkennen.

FORTSCHRITT MESSEN

Initialisieren – die Projektplanung

5.1.2 Wie werden Arbeitspakete gegliedert? (Projektstrukturplan)

Bei der Definition der Arbeitspakete wird die gesamte Aufgabenstellung in Arbeitspakete zerlegt und diese dann im Projektstrukturplan übersichtlich und vollständig zusammengestellt. Häufig geschieht das in Form einer Baumdarstellung (Abbildung 8).

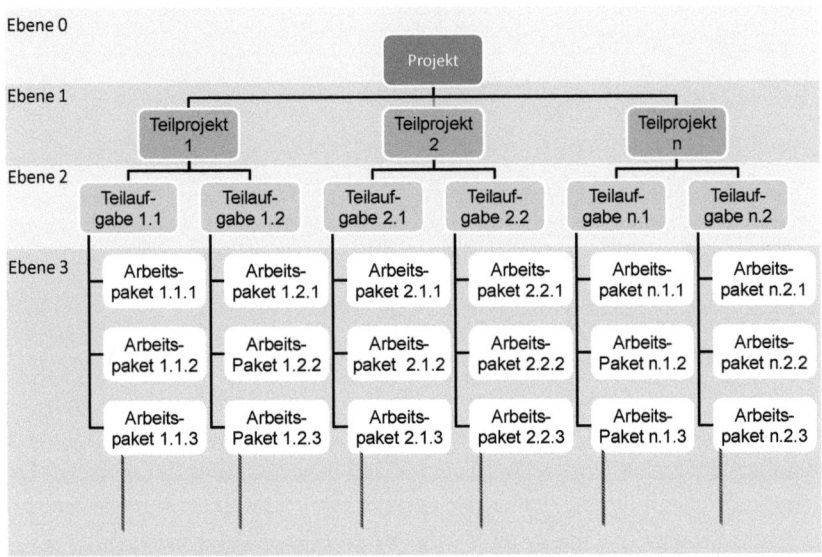

Abbildung 8: Beispiel Projektstrukturplan

PSP-ELEMENTE Eine solche Baumdarstellung hat den Vorteil, die strukturellen Zusammenhänge deutlich herauszustellen. Die Arbeitspakete der untersten Gliederungsebene werden als Projektstrukturplan-Elemente (PSP-Elemente) bezeichnet.

GLIEDERUNGS-MÖGLICHKEITEN Bei der Gliederung kann nach unterschiedlichen Prinzipien vorgegangen werden: objektorientiert, funktionsorientiert oder phasenorientiert. Möglich ist auch eine Gliederung nach Werkzeugen, Fähigkeiten, Zugang zu Räumlichkeiten, Personen oder anderen Kriterien. Vielfach werden auch in Mischformen die genannten Varianten kombiniert.

Arbeitspakete

Unter einem objektorientierten Projektstrukturplan versteht man die Strukturierung des Gesamtauftrags nach den für das Projekt notwendigen Objekten (Bestandteilen). Lautet das Projekt zum Beispiel „Fertigung eines Holztischs", wird es in die Arbeitspakete Platte, Füße und Schublade zerlegt. — OBJEKTORIENTIERTE GLIEDERUNG

Beim funktionsorientierten Projektstrukturplan splittet man das Projekt nach Aufgabentypen. Beim Beispiel „Fertigung eines Holztischs" wären die Funktionen, nach denen gegliedert werden könnte: bohren, fräsen, sägen, lackieren. — FUNKTIONSORIENTIERTE GLIEDERUNG

In einem phasen- oder ablauforientierten Projektstrukturplan werden die Phasen des Projekts als Gliederungsgrundlage gewählt. Aufgeteilt wird es nach einem favorisierten Vorgehensmodell. So könnten die Phasen beim Beispiel „Fertigung eines Holztischs" wie folgt lauten: Tisch entwerfen → Komponenten fertigen → Komponenten zusammenfügen → lackieren. — PHASENORIENTIERTE GLIEDERUNG

Es gibt keine allgemeingültigen Vorgaben für die zu wählenden Gliederungskriterien eines Projektstrukturplans. Jede Strukturierung hat ihre Vor- und Nachteile. Unabhängig davon nach welchen Kriterien die Aufgaben im Projektstrukturplan gegliedert werden, ist es für eine gute Strukturierung notwendig, die Aufgabeninhalte sowie ihre Zusammenhänge und Abhängigkeiten fachlich zu durchdringen. Ziel ist es, Pakete zu definieren, die in sich zusammenhängend und nach außen möglichst gut abgekapselt sind. — VOR- UND NACHTEILE DER GLIEDERUNGSKRITERIEN

Oft ist eine Kombination der Gliederungskriterien die sinnvollste Variante. Beispielsweise wird auf Ebene 1 häufig nach Phasen, auf Ebene 2 nach Objekten und auf Ebene 3 nach Funktionen gesplittet. Entscheidend ist, dass der Projektstrukturplan vollständig nachvollziehbar und operabel ist und Aktivitäten enthält. Man darf keine Aufgaben „vergessen". Dies spricht aber nicht dagegen, Aktivitäten unterschiedlich weit aufzuspalten und bspw. weiter in der Zukunft liegende Aktivitäten nur grob darzustellen. — SINNVOLLE KOMBINATION

Initialisieren – die Projektplanung

Herr Felix macht sich Gedanken, nach welchen Kriterien er sein Projekt FlexVelo am besten gliedern kann. Eine durchgängige Strukturierung nur nach Objekt, Funktion oder Phase ist nach seiner Einschätzung nicht optimal. Seine Überlegungen laufen auf eine Mischform hinaus. Aus Erfahrungen mit früheren Projekten weiß er, dass es keine perfekte Gliederung gibt. Er erarbeitet zwei Varianten, die er mit Frau Sommer und Herrn Stark bespricht:

1. Variante des Projektstrukturplans (Abbildung 9):
Ebene 1 ist nach Objekten ausgerichtet,
Beispiel Fahrradrahmen und Bremsen/Schaltung
Ebene 2 ist funktional gegliedert,
Beispiel Materialauswahl, Rahmenkonstruktion
Ebene 3 ist auch funktional gegliedert,
Beispiel technische Bewertung, betriebswirtschaftliche Bewertung, Liefersicherheit

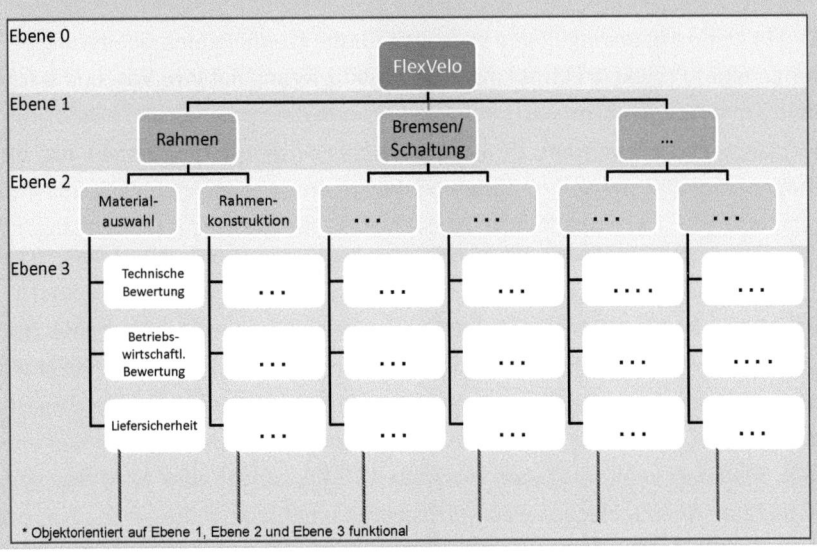

Abbildung 9: Variante 1 – Projektstrukturplan FlexVelo

2. Variante des Projektstrukturplans (Abbildung 10):

Ebene 1 ist nach Phasen gegliedert,
Beispiel Grobkonzept, Prototyp
Ebene 2 ist funktional ausgerichtet,
Beispiel technisches und betriebswirtschaftliches Grobkonzept
Ebene 3 ist objektorientiert gegliedert,
Beispiel Fahrradrahmen Bremsen/Schaltung

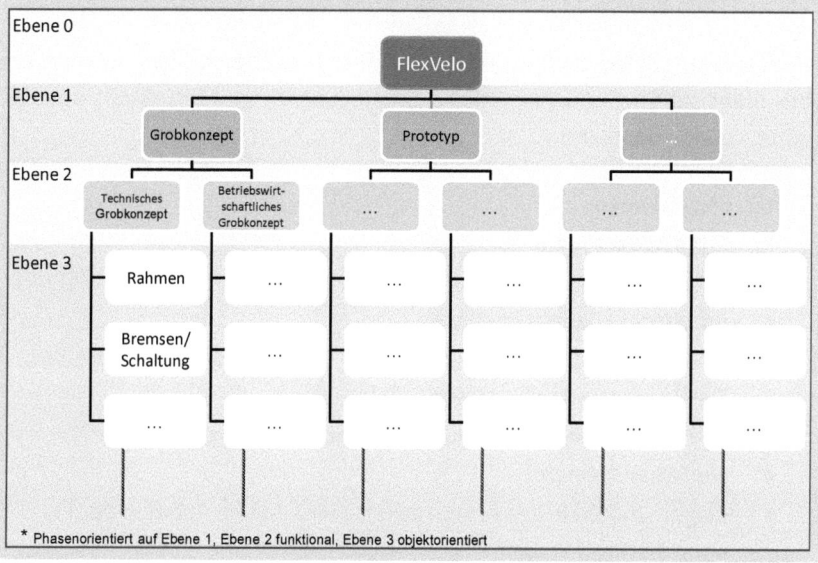

Abbildung 10: Variante 2 – Projektstrukturplan FlexVelo

Herr Felix diskutiert die beiden Varianten mit Frau Sommer. Beide Varianten sind formal in Ordnung. Jede Variante hat ihre Vor- und Nachteile. Nach gründlicher Prüfung entscheiden sich beide für die Variante 2, da sie in dieser speziellen Projektkonstellation bessere Planbarkeit und Handhabbarkeit verspricht. Herr Felix überlegt, wie er die Vollständigkeit seines Projektstrukturplans überprüfen kann. Hierzu betrachtet er, ob alle Aufgaben einer Ebene aufgelistet sind, um das Arbeitspaket auf der nächsthöheren Ebene komplett bearbeiten zu können. Tatsächlich fällt ihm auf, dass die Qualitätssicherung und die Aufwände für die Dokumentation in einzelnen Bereichen vergessen wurden.

Initialisieren – die Projektplanung

AUCH „WEICHE"
AUFGABEN
BENÖTIGEN
RESSOURCEN

Auch das Stakeholder-Management, Teammotivation, *Organizational Change Management* und andere „weiche" Aufgabenfelder benötigen Zeit und Ressourcen. Entsprechend müssen diese Aufgaben in den Arbeitspaketen ebenfalls Berücksichtigung finden. Diese Aspekte werden in der Praxis oft unterschätzt!

5.1.3 Wie werden Arbeitspakete geplant und beschrieben?

ELEMENTE EINES ARBEITSPAKETS

Arbeitspakete sollten nach vorgegebenen Strukturen beschrieben werden, um eine übersichtliche und einheitliche Darstellung zu gewährleisten, und folgende Aspekte beinhalten:

- Projektname,
- Arbeitspaketname,
- Arbeitspaketnummer (Projektstrukturplan oder PSP-Element-Code),
- Arbeitspaketverantwortlicher,
- Voraussetzungen zur Bearbeitung (z. B. Abschluss anderer Pakete),
- Zielsetzung und angestrebte Ergebnisse des AP,
- Nicht-Gegenstand des Pakets (Was gehört nicht zur Aufgabe?),
- geplanter Aufwand,
- Beginn und Ende des Arbeitspakets (wird erst im Rahmen der Planung der Projektablauforganisation ermittelt),
- Arbeitspaketstatus (wird während des Projektverlaufs gepflegt),
- Vorgänger/Nachfolger (PSP-Code) des Arbeitspakets.

NICHT-ZIELSETZUNG

Bei der Arbeitspaketbeschreibung ist eine Dokumentation der Nicht-Zielsetzung sinnvoll, um Missverständnissen vorzubeugen. Auch Abhängigkeiten sind zu beschreiben. Gibt es etwa spezielle Arbeitsvoraussetzungen für ein Paket (etwa die Verfügbarkeit bestimmter Werkräume o. Ä.), sollten diese aufgeführt werden.

Arbeitspakete

Bevor in späteren Abschnitten die übergreifende Ablaufplanung des Projekts durchgeführt wird, muss zunächst für jedes Arbeitspaket geplant werden,

- wie hoch der Aufwand zur Bearbeitung ist und
- wie lange die Bearbeitung des Arbeitspakets bei isolierter Sichtweise dauert.

Die Aufwandsplanung zum Arbeitspaket beschreibt den notwendigen Input an Arbeits- oder Maschinenzeit (bspw. zehn Personentage entsprechen zehn Personen/Tag oder einer Person/zehn Tage).

PLANUNG AUFWAND ARBEITSPAKETE

Die Planung der Dauer zur Bearbeitung eines Arbeitspakets bezieht sich hingegen nicht auf den notwendigen Input, sondern auf den zur Bearbeitung auf Ebene des jeweiligen Arbeitspakets benötigten Zeitraum; bspw. kann ein Tisch mit nur einem Personentag erstellt werden. Die Trocknungszeiten für Leim und Farbschichten lassen aber die Erstellung in weniger als zehn Kalendertagen unrealistisch erscheinen.

PLANUNG DAUER

Die Schätzung von Dauer und Aufwand ist nicht einfach. Auch zeigt sich, dass Teams eher zu optimistisch schätzen und insbesondere Störungen, ungeplante Schwierigkeiten etc. kaum berücksichtigt werden. Hier kann relatives Schätzen Abhilfe schaffen. Anstelle der Überlegung, welche Einzelschritte zu durchlaufen sind und wie groß die Summe der Aufwände ist, tritt die Überlegung, wie sich diese Aufgabe zu anderen bereits früher bearbeiteten verhält. Wird der Aufwand für die Aufgabe bspw. ähnlich, doppelt so hoch, halb so hoch etc. sein? Mithilfe gesicherter, tatsächlicher Daten aus der Vergangenheit gelingen so bessere Aufwandsschätzungen.

RELATIV SCHÄTZEN

Initialisieren – die Projektplanung

Herr Felix ist dabei, seine Arbeitspakete für das Projekt „FlexVelo" zu definieren. Er überlegt, welche Informationen hier für ihn als Projektleiter wichtig sind. Seine Entscheidung fällt auf folgende Punkte: Neben dem Paketinhalt will er einen Verantwortlichen festlegen und stets über den Status informiert werden, ob das Arbeitspaket noch „in time" ist. Er setzt sich mit Herrn Gang, (Mitarbeiter Teilprojekt 2 2 „Schaltung/Bremsen") zusammen und gemeinsam bereiten sie ein Formular am Beispiel des Arbeitspakets „Schaltung" vor (Abbildung 11).

Arbeitspaketbeschreibung			
Projekt	FlexVelo	Status	In Bearbeitung
Arbeitspaket	Schaltung	Arbeitspaket-Nr./ PSP-Code	4711
Arbeitspaket-verantwortlicher	Herr Gang (und Mitarbeiter Team 2)		
Zielsetzung	Schaltung auswählen, die dem neuen Fahrradtyp gerecht wird.		
Angestrebte Ergebnisse/ Aufgaben	Die gängigen Schaltungen testen und beste Schaltung für FlexVelo bestimmen. Aufgaben: • Test Nabenschaltung mit Rücktritt • Test Kettenschaltung • Test Dual Drive • Test Rohloffschaltung		

Abbildung 11: Auszug Arbeitspaket FlexVelo „Schaltung"

Das komplette Dokument siehe Kapitel „Ergänzende Informationen und Abbildungen" auf Seite 192.

NICHT ZU OPTIMISTISCH PLANEN

Erfahrungsgemäß schätzen Menschen Aufwände eher zu optimistisch. Im Zweifelsfall sollten benötigte Zeit und Ressourcen besser zu pessimistisch geplant werden. Eine positive Planabweichung ist besser zu vermitteln als eine negative. Einige Teams arbeiten mit Puffern, wobei sich 15 % als pragmatischer Wert erwiesen haben.

5.1.4 Wie hängen Projektstruktur-, Ablauf-, Budget- und Kostenplan zusammen?

Erster Schritt der Projektplanung ist die Sammlung aller Einzelaufgaben, ihre Beschreibung in den Arbeitspaketen und ihre übersichtliche Darstellung im Projektstrukturplan. Dies ist die Basis für die nächsten Planungsphasen, die Planung der Projektablauforganisation und der Projektaufbauorganisation.

SAMMLUNG EINZELAUFGABEN

In der Planung der Projektablauforganisation werden die definierten Arbeitspakete in eine logische und zeitlich sinnvolle Reihenfolge gebracht, d. h. der sogenannte Ablaufplan erstellt. Die Termine können auf dieser Basis geplant und die Kosten geschätzt werden (vgl. Kapitel „Projektablauforganisation", Seite 53).

LOGISCHE UND ZEITLICH SINNVOLLE REIHENFOLGE

Auf Grundlage der Aufwandsschätzungen wird zudem die Budgetplanung erstellt – die Basis des späteren Projektcontrollings (vgl. Kapitel „Controlling", Seite 150 ff). Auch werden im weiteren Projektverlauf die Bearbeitungsstatus der einzelnen Arbeitspakete fortlaufend erhoben und in den Projektstatusberichten dokumentiert. Dies bildet eine weitere wichtige Grundlage des Projektmanagements und Projektcontrollings.

Unter www.pm-haus.de/downloads/arbeitspaket.doc kann ein Formular für Arbeitspaketbeschreibungen heruntergeladen und als Vorlage verwendet werden.

DOWNLOAD ARBEITSPAKETE

Initialisieren – die Projektplanung

Abbildung 12 illustriert die Zusammenhänge aller drei Pläne.

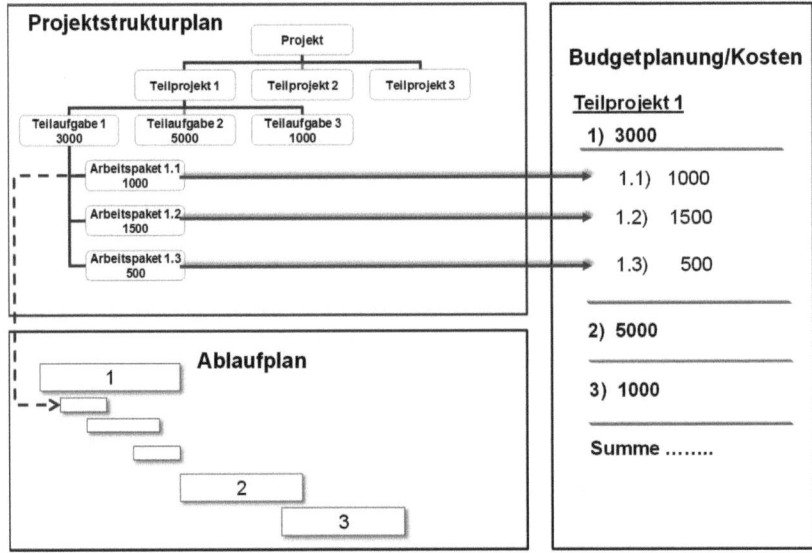

Abbildung 12: Projektstrukturplan, Ablaufplan, Budget-/Kostenplan

KERNAUSSAGEN
UND HANDLUNGS-
EMPFEHLUNGEN

- Arbeitspakete sind die Basis der Projektplanung. Mit der Strukturierung der anstehenden Aufgaben im Projektstrukturplan wird die Grundlage der weiteren Planung gelegt.
- Arbeitspakte sind Dreh- und Angelpunkt für Ressourcenplanung und Fortschrittscontrolling.
- Arbeitspakete sollten so weit wie möglich in sich abgeschlossen sein.
- Der richtige Detailgrad ist der Trick. Aufgaben, die weiter in der Zukunft liegen, sind eher grob, unmittelbar anstehende Aktivitäten ausreichend detailliert zu planen.

5.2 Projektablauforganisation

Wenn die Arbeitspakete vorliegen, werden sie in eine chronologische Reihenfolge gebracht.

Herr Felix und sein Team beginnen, alle definierten Arbeitspakete zeitlich zu ordnen. Dazu bespricht er mit seinem Team, welche Chronologie für die Projektdurchführung am günstigsten ist. Um dies zu klären, diskutiert das Team, wie die einzelnen Arbeitspakete voneinander abhängen und mit welchen Paketen wichtige Zwischenziele erreicht werden.

- Was bedeutet Projektablauforganisation?
- Was ist ein GANTT-Diagramm?
- Was sind Vorwärtsterminierung, Rückwärtsterminierung und kritischer Pfad?
- Was sind Meilensteine?

ANTWORTEN IN DIESEM KAPITEL

Der Ablaufplan wird auf Grundlage der Arbeitspakete erstellt, die ihren Abhängigkeiten entsprechend in eine zeitliche Reihenfolge gebracht werden. Bei einigen Arbeitspaketen ergibt sich die Reihenfolge zwangsläufig, bei anderen besteht eine gewisse Wahlfreiheit.

5.2.1 Was bedeutet Projektablauforganisation?

Der detaillierte Ablaufplan wird anhand der im Projektstrukturplan beschriebenen Arbeitspakete erstellt. Um diese Pakete zeitlich sinnvoll zu ordnen, gibt es unterschiedliche Darstellungsformen, zum Beispiel das Gantt-Diagramm oder den Netzplan.

UNTERSCHIEDLICHE DARSTELLUNGSFORMEN

Die Projektablauforganisation darf nicht mit der Projektstrukturierung in Arbeitspakete (siehe Abschnitt Wie werden Arbeitspakete gegliedert? (Projektstrukturplan), Seite 44) und auch nicht mit der Projektaufbauorganisation verwechselt werden. Während die Projektaufbauorganisation (siehe nächstes Kapitel Projektaufbauorganisation, ab Seite 60 ff.) die hierarchische Struktur des Projekts mit Rollen, Teilprojekten, Zuständigkeiten und ggf. auch Weisungsstrukturen beschreibt, definiert die Projektablauforganisation Reihenfolge und zeitliche Planung der Projektaktivitäten.

WICHTIGE BEGRIFFSDEFINITION

5.2.2 Was ist ein Gantt-Diagramm?

GANTT-DIAGRAMM

Die Bearbeitungschronologie der Arbeitspakete wird in der Praxis meist mithilfe eines Balkenplans abgebildet. Der Balkenplan wird auch als Gantt-Technik bzw. Gantt-Diagramm bezeichnet, benannt nach dessen Erfinder Henry Lawrence Gantt.

VERNETZTE BALKENPLÄNE

Jeder Vorgang wird durch einen Balken im Diagramm repräsentiert, dessen Anfang den Beginn und dessen Ende den Abschluss eines Vorgangs auf der Zeitachse markiert. Diese Darstellungsform hat jedoch den Nachteil, dass sich Zeitreserven nicht unmittelbar erkennen lassen und die Beziehungen zwischen den Arbeitspaketen nicht eindeutig abzulesen sind. Daher ist es in der Praxis üblich, mit vernetzten Balkenplänen zu arbeiten, die die Abhängigkeiten zwischen den Arbeitspaketen mit ihren Auswirkungen auf der Zeitachse berücksichtigen. So können bei früherer Fertigstellung eines Arbeitspakets Wartezeiten entstehen, in denen aber Tätigkeiten durchgeführt bzw. abgeschlossen werden können. Dagegen kann sich bei verspäteter Fertigstellung eines Arbeitspakets der Start anderer Pakete verzögern, wenn deren Beginn vom Abschluss des Vorgängers abhängig ist. Durch vernetzte Balkenpläne werden zeitliche Puffer sowie die Abhängigkeiten ersichtlich. Vorwiegend werden auch die sogenannten Meilensteine im Gantt-Diagramm dargestellt (vgl. Abschnitt Was sind Meilensteine?, Seite 58.) Abbildung 13 zeigt ein Beispiel für das GANTT-Diagramm.

Projektablauforganisation

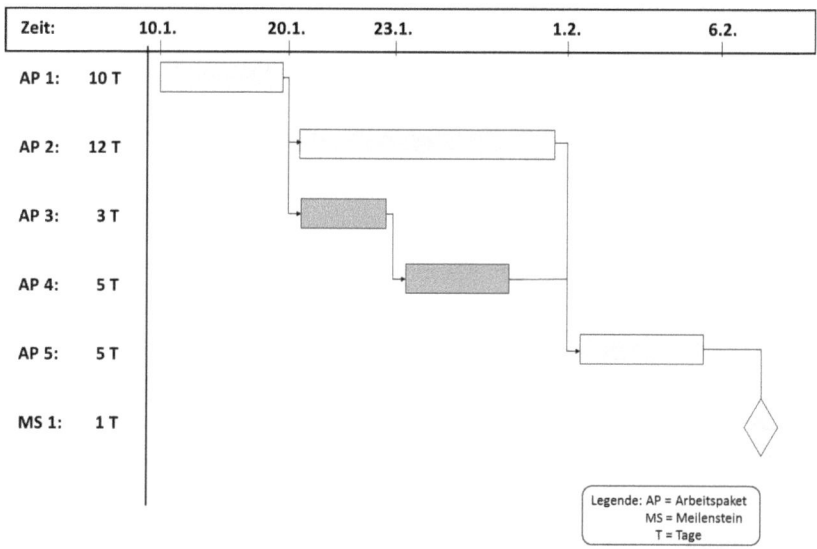

Abbildung 13: GANTT-Diagramm – vernetzter Balkenplan

Die grafische Darstellung als Gantt-Diagramm bietet eine gute Übersicht über das Projekt und die wesentlichen zeitlichen Eckpunkte der Planung. Gleichzeitig dient der Plan als Kommunikationsmittel.

Im Zweifelsfall lieber in kleineren Abschnitten planen. Meilensteine, die zu weit auseinanderliegen, erschweren die Motivation, die Nachvollziehbarkeit und nicht zuletzt die Fokussierung auf ein konkretes Ziel.

KLEINE SCHRITTE

In komplexen Projekten kann der Balkenplan unübersichtlich werden. Dann sollte er zu einem groben Phasenplan verdichtet werden. Projektmanagementtools bieten die Möglichkeit, unterschiedliche Aggregationsebenen zu nutzen und diese beliebig ein- und auszublenden („ein- und ausklappen"). So ist im Plan alles enthalten, eine Überblicksdarstellung ist aber trotzdem möglich.

GROBER PHASENPLAN

Bei der zeitlichen Kalkulation des Projektablaufs stehen spezifische Methoden zur Verfügung, die im nächsten Abschnitt erläutert werden.

Initialisieren – die Projektplanung

5.2.3 Was sind Vorwärtsterminierung, Rückwärtsterminierung und kritischer Pfad?

VORWÄRTS-
TERMINIERUNG

Von Vorwärtsterminierung ist die Rede, wenn ausgehend vom Startpunkt des Projekts die notwendige Dauer und damit der Fertigstellungstermin nach Plan für das Projekt ermittelt wird.

KRITISCHER PFAD

Soll die notwendige Dauer zur Bearbeitung der Projektaktivitäten ermittelt werden, dürfen nicht einfach die Laufzeiten der verschiedenen Arbeitspakete aufsummiert werden. Das Beispiel aus Abbildung 14 veranschaulicht, dass AP2, AP3 und AP4 parallel bearbeitet werden. Erst wenn sie abgeschlossen wurden, kann AP5 begonnen werden. Gleichzeitig ist zu erkennen, dass der Pfad von AP2 12 Tage dauern wird, während AP3 und AP4 in Summe 8 Tage in Anspruch nehmen. Werden alle drei Arbeitspakete nach Plan bearbeitet, kann AP 5 nach 12 Tagen, nicht etwa nach 20 Tagen beginnen. Relevant ist der Maximalwert der parallel verlaufenden Pfade. Dieser Pfad wird als *kritischer Pfad* bezeichnet (Abbildung 14).

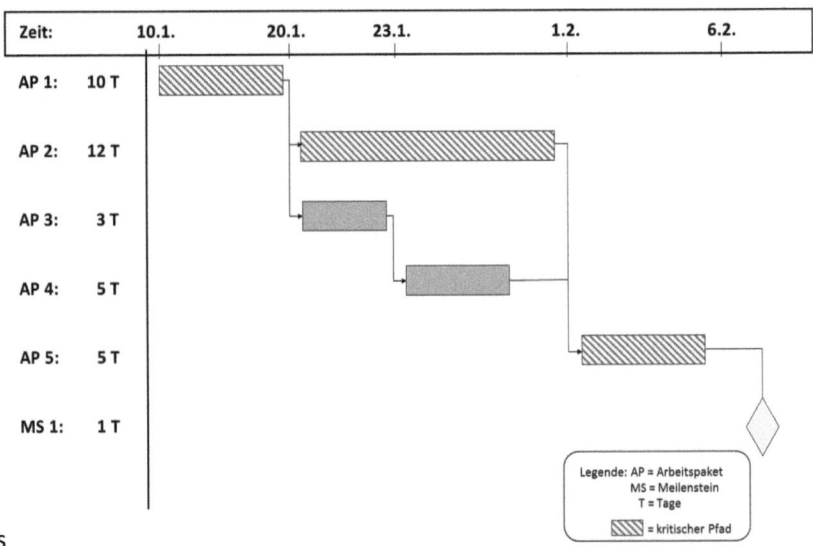

Abbildung 14: GANTT-Diagramm mit kritischem Pfad

Für die Projektplanung bedeutet ein kritischer Pfad, dass die Dauer für die einzelnen Arbeitsschritte in diesem Zweig nicht verlängert werden kann, ohne die gesamte Projektdauer zu verlängern. Es gibt keinen zeitlichen Puffer.

Die nicht kritischen Pfade sind Ketten von Vorgängen, die sich bis zu einem gewissen Grad verzögern können. Trotz dieser Terminüberschreitungen kann das Projekt noch in der kürzest möglichen Zeit beendet werden, sofern die Überschreitung nicht größer ist als die Differenz zwischen der Dauer des kritischen Pfads und der Dauer des jeweiligen nicht kritischen Pfads. Im Beispiel aus Abbildung 14 kann sich also die Bearbeitungsdauer von AP3 (Dauer 3) und AP4 (Dauer 5) um maximal vier Tage verlängern (3 + 5 = 8; AP2-Dauer beträgt 12, d. h., es besteht eine Differenz von 4 Tagen), ohne dass dies die Projektlaufzeit beeinflusst.

NICHT KRITISCHER PFAD

Herr Felix überprüft den erstellten Projektplan.
Für die Schlussabnahme des neuen FlexVelo-Konzepts müssen die Konzepte für das Beleuchtungs- und das Bremssystem abgeschlossen werden.
Ihm fällt auf, dass für das aufwändige neue Bremssystem in Summe 20 Kalendertage mehr eingeplant werden mussten als für das neue leichte Beleuchtungssystem.
Herr Felix nimmt sich vor, besonders eng mit den Kollegen des Teilprojekts Bremssystem zusammenzuarbeiten und den Fortschritt dort im Auge zu behalten, da jede Verzögerung in diesem Teilprojekt zu einer Verzögerung des Gesamtprojekts führen würde (Abbildung 15).

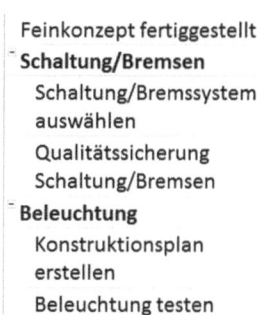
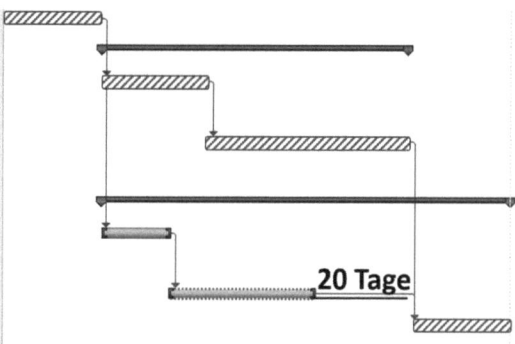

Abbildung 15: Kritischer Pfad (schraffiert), Auszug aus dem FlexVelo-Projektplan, erstellt mit MS Project

Eine zeitliche Analyse vom Projektende zum Projektanfang hin wird als Rückwärtsterminierung bezeichnet. Dies ist insbesondere dann von Vorteil, wenn der Fertigstellungstermin fest vorgegeben ist und bspw. überlegt werden soll, welche Dauer für die einzelnen Phasen zulässig ist, um einen rechtzeitigen Projektabschluss noch zu gewährleisten. Eine weitere typische Fragestellung der

RÜCKWÄRTS-TERMINIERUNG

Initialisieren – die Projektplanung

Rückwärtsterminierung ist der späteste mögliche Startzeitpunkt für ein Projekt oder eine Teilaktivität eines Projekts.

In der Planung fehlt Herrn Felix noch das Arbeitspaket „Entwicklung Gepäckträger". Da die ProVelo schon seit Längerem Gepäckträger nur zukauft, soll diese Aufgabe an einen Lieferanten vergeben werden.

Gemeinsam mit Frau Sommer überlegt Herr Felix, bis wann die Beauftragung erfolgt sein muss. Er entscheidet sich, rückwärts vom Zeitpunkt der Fertigstellung des Prototyps aus zu terminieren. Der Test des Prototyps beginnt am 1. Oktober. Bis dahin muss der neue, besonders stabile und leichte Gepäckträger verfügbar sein.

In Vorgesprächen mit Lieferanten hat er schon die einzelnen Arbeitsschritte zeitlich abgeschätzt. Die Lieferanten benötigen ca. vier Monate für Entwicklung und Test des neuen Gepäckträgers.

Herr Felix weiß, dass die Auftragsvergabe für die Entwicklung des neuen Gepäckträgers bis zum 1. Juni abgeschlossen sein muss, soll der Projektplan nicht insgesamt gefährdet werden. Kurzfristig beraumt er einen Termin mit der Geschäftsführung und dem Einkauf an, um eine schnelle Vergabe sicherzustellen.

5.2.4 Was sind Meilensteine?

SINNVOLL POSITIONIERTE MEILENSTEINE

Meilensteine sind wichtige Entscheidungs-, Kontroll- oder Überwachungspunkte. Sie machen den Projektfortschritt sichtbar. Meilenstein sollen scharf umrissene Ergebnisse beschreiben, deren Erreichung oder Nichterreichung mit Ja-/Nein-Fragen klar beantwortet werden kann. Wichtig ist, dass sie in angemessen großen Abständen positioniert werden. Sinnvoll definierte Meilensteine tragen dazu bei, die Leistungsbereitschaft des Teams konstant aufrechtzuerhalten. Zu weit in der Ferne positionierte Meilensteine wirken nachteilig auf die Motivation in der Anfangsphase. In der Praxis steigt der Druck kurz vor der Erreichung der Meilensteine meist unnötig hoch, da übergroße Arbeitspakete termingerecht abgeschlossen werden müssen. Erfolgreich absolvierte Meilensteine zeigen Teammitgliedern und anderen Stakeholdern, dass das Projekt auf dem richtigen Weg ist. Sinnvoll positionierte Meilensteine können somit einen wichtigen Beitrag zur Stärkung der Motivation leisten. Auf der anderen Seite können zu kurze Abstände dazu führen, dass das Team die Bedeutsamkeit der Meilensteine nicht mehr wahrnimmt.

Für das Projektfortschritts- und Finanzcontrolling sind Meilensteine ein wichtiges Hilfsmittel, um zu erkennen, ob das Projekt sowohl zeitlich als auch finanziell noch auf Kurs ist.

Keinesfalls ist die Planung mit der Erstellung von Projektstruktur- und Ablaufplan abgeschlossen. Vielmehr sollte sie als initiale Basis für die weiteren Überlegungen betrachtet werden. Regelmäßig sollte die Planung überprüft und hinterfragt werden. Hier helfen Fragen wie: Würden wir den Plan mit den heutigen Erkenntnissen erneut so gestalten? Waren die bisherigen Planungen umsetzbar? Welche Parameter verändern sich aktuell?

PLANUNG REGELMÄßIG ÜBERPRÜFEN

- Die Projektablauforganisation ist nicht die Projektaufbauorganisation!
- Das Gantt-Diagramm bzw. der Balkenplan veranschaulicht, wie die Arbeitspakete voneinander abhängen und wie viel Zeit man für jedes Paket benötigt.
- Mit dem kritischen Pfad identifiziert man die Arbeitspakete, für die es keinen zeitlichen Spielraum gibt.
- Bei den Meilensteinen ist die richtige Granularität entscheidend.

KERNAUSSAGEN UND HANDLUNGSEMPFEHLUNGEN

5.3 Projektaufbauorganisation

Herr Felix überlegt, welche Aufbauorganisationsform sich für sein Projekt FlexVelo eignet. Welche Struktur ermöglicht eine optimale Zusammenarbeit mit dem Auftraggeber? Wie soll das Projektteam strukturiert werden, damit optimal gearbeitet werden kann?

ANTWORTEN IN DIESEM KAPITEL

- Wie unterscheiden sich Primär- und Sekundärorganisation?
- Wie setzt sich das Projektteam zusammen?
- Was ist der Lenkungsausschuss?
- Wie kann eine typische Projektorganisation aussehen?

5.3.1 Wie unterscheiden sich Primär- und Sekundärorganisation?

Typisches Kennzeichen von Projekten ist deren Abgrenzung gegenüber anderen Vorhaben. Dies bedeutet, Projekte haben Zielsetzungen, aber auch Organisationen, die sich von der auf Dauer angelegten Linienorganisation abheben. Es gibt also eine eigenständige Projektorganisation, die als *Sekundärorganisation* bezeichnet wird, da sie neben der auf Dauer angelegten *Primärorganisation* des Unternehmens steht.

Wie dargestellt ist bei der Organisation zwischen Ablauforganisation (Reihenfolge und zeitliche Planung der Aktivitäten) und Aufbauorganisation (hierarchische Struktur mit Rollen, Teilprojekten, Zuständigkeiten und ggf. auch Weisungsstrukturen) zu unterscheiden. Abbildung 16 veranschaulicht diesen Zusammenhang.

Projektaufbauorganisation

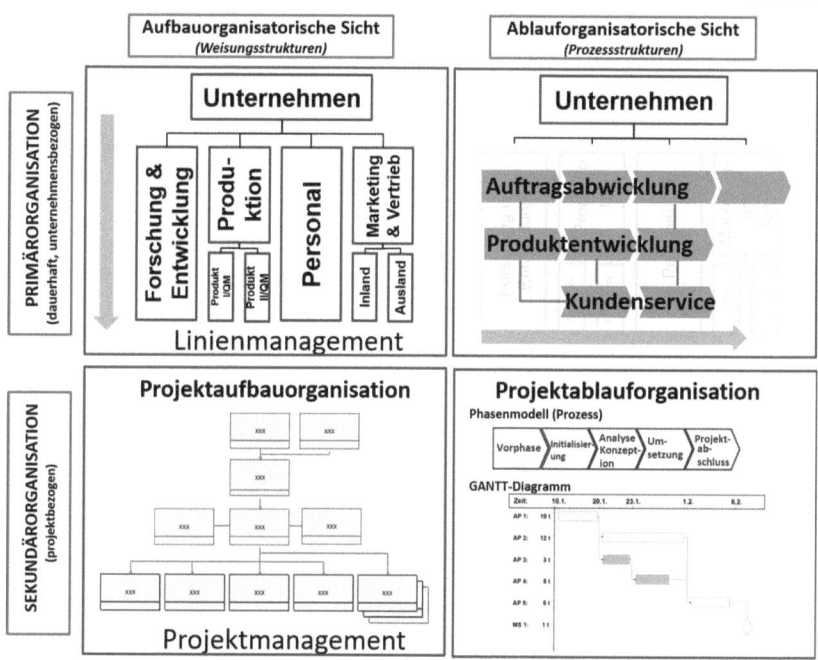

Abbildung 16: Primärorganisation vs. Sekundärorganisation und Ablauf- vs. Aufbauorganisation

Der Aufbau einer getrennten Sekundärorganisation für ein spezifisches Projekt hat gute Gründe: Die Primärorganisation ist auf die dauerhafte und effiziente Bearbeitung des laufenden Geschäfts ausgerichtet. Verfahrensweisen können sich mit der Zeit einspielen. Mitarbeiter kennen ihre Aufgaben und Ziele und können über längere Zeit auf die Herausforderungen vorbereitet werden. Auch die Weisungs-, Kontroll- und Incentivierungssysteme können entsprechend auf Dauer ausgeprägt werden.

Hingegen stehen im Projektgeschäft andere Herausforderungen im Vordergrund. Die Aufgabe ist einmalig. Erfahrungen können – wenn überhaupt – nur aus ähnlichen früheren Projekten eingebracht werden. Gefragt sind Qualitäten wie Kreativität, unkonventionelle Lösungsansätze sowie der Mut und die Fähigkeit, neue Wege zu gehen. Dies muss sich auch im Management und nicht zuletzt in der Aufbauorganisation des Projekts widerspiegeln.

Entsprechend ist es nur selten eine gute Idee, die Strukturen aus der bestehenden Primärorganisation ganz oder in Teilen in die Projektorganisation zu übernehmen. Häufig ist es sinnvoll, grundlegend neue Strukturen für die erfolgreiche Bearbeitung des Projekts zu schaffen. In der Praxis tun sich gerade konservative Organisationen mitunter schwer damit.

PROJEKTAUFBAU-ORGANISATION ≠ UNTERNEHMENS-AUFBAUORGANISATION

Manchmal wird die bestehende Aufbauorganisation des Unternehmens in die Projektorganisation „kopiert". Dies ist nur sehr selten zielführend. Bestehende Über- und Unterordnungsverhältnisse sollten nicht ohne Weiteres in die Projektaufbauorganisation übernommen werden. In der Regel sind im Projektkontext ganz andere Strukturen und hierarchische Zuordnungen als in der Linienorganisation zweckmäßig.

5.3.2 Wie setzt sich das Projektteam zusammen?

Jedes Projekt hat eine individuelle Aufgabenstellung. Daher muss für jedes Projekt individuell überlegt werden, welche Aufbauorganisation geeignet ist. Einige typische Strukturen haben sich aber in vielen Projekten bewährt.

KERNZELLE: DAS PROJEKTTEAM

Im Projektteam wird die eigentliche Projektarbeit durchgeführt. Bei größeren Projekten ist eine weitere Untergliederung zweckmäßig. Unter anderem lassen sich die Komponenten Projektleitung, Projektassistenz, Projekt-Qualitätsmanagement, -Risikomanagement, -Controlling, *Organizational Change Management* und Projektmarketing, Teilprojekte, Arbeitsgruppen, sowie ein Kernteam und ein erweitertes Projektteam festlegen.

PROJEKTLEITUNG

Abhängig von der Größe des Projekts umfasst die Projektleitung eine oder mehrere Personen. In vielen (kleineren) Projekten lässt die Rolle des Projektleiters weitere Aufgaben zu. So kann ein Projektleiter bspw. zugleich die Rolle eines Teilprojektleiters übernehmen.

PROJEKT-ASSISTENZ

Die Projektassistenz hat die Aufgabe, das Projektteam und vor allem die Projektleitung in der operativen Projektarbeit zu unterstützen. In der Regel liegt der Schwerpunkt der Projektassistenz nicht in der inhaltlichen Arbeit, sondern in Organisationsaufgaben (z. B. Termine absprechen, Unterlagen erstellen oder überarbeiten, Recherchen etc.).

In einigen Projekten wird die Projektassistenz auch als PMO (*Project Management Office*) bezeichnet. Allerdings steht PMO in vielen Organisationen auch für eine auf Dauer angelegte Organisationseinheit, die Projekte in der gesamten Organisation in Form von Standards, Vorlagen, Qualitäts- und Projektportfoliomanagement unterstützt. Diesbezüglich kann es also zu Missverständnissen kommen.

PMO (PROJECT MANAGEMENT OFFICE)

Die Aufgaben des Projekt-Qualitätsmanagements, -Risikomanagements und -Controllings müssen ebenfalls zugeordnet werden. Bei größeren Projekten werden diese Aufgaben in eigenständigen Projektorganisationseinheiten bearbeitet. In kleineren Projekten übernimmt die Projektleitung diese Aufgaben direkt oder entsprechende Stellen werden ausgewiesen und dann in Personalunion bspw. durch Projektleiter mitbesetzt.

PROJEKTQUALITÄTSMANAGEMENT, RISIKOMANAGEMET UND -CONTROLLING

In einigen Projekten gibt es außerdem eine Stelle oder Organisationseinheit für das *Organizational Change Management* und das Projektmarketing. Hier steht die positive Akzeptanz von Projekt(-ergebnissen) im Vordergrund. In vielen Projekten wird diese Aufgabe in Personalunion bspw. durch die Projektleitung übernommen.

ORGANIZATIONAL CHANGE MANAGEMENT UND PROJEKTMARKETING

Meist ist es sinnvoll, die Aufgaben der Projektarbeit auf verschiedene Teilprojekte zu verteilen, da das Projektteam insgesamt zu groß und eine Aufteilung auf arbeitsfähige Strukturen zweckmäßig ist. Hier gilt es, sinnvolle Strukturierungskriterien für die Teilprojekte zu finden. Einerseits soll eine möglichst durchgängige und konzentrierte Bearbeitung eines Themenfelds durch ein Teilprojektteam möglich sein. Andererseits sollen übergeordnete Zusammenhänge zwischen den Aufgaben nicht unnötig zergliedert werden, da sonst das Gesamtverständnis verloren geht.

TEILPROJEKTE

Nur selten ist die zweifelsfrei optimale Lösung dieses Strukturproblems möglich. Entsprechend müssen Vor- und Nachteile unterschiedlicher Organisationsszenarien durchdacht und gegeneinander abgewogen werden. Oft gibt auch die vorgenommene Strukturierung des Projektstrukturplans wertvolle Hinweise, welche Strukturierung sinnvoll sein kann.

Initialisieren – die Projektplanung

Für die Teilprojekte werden Teilprojektleiter benannt. Abhängig von der Projektgröße kann es auch hier sinnvoll sein, Rollen in Personalunion zu besetzen (bspw. eine Person ist Leiter zweier Teilprojekte oder der Leiter eines Teilprojekts übernimmt die Rolle des Projekt-Controllers o. Ä.).

ARBEITSGRUPPEN
Für einzelne Fragestellungen, die sich aus der Projektarbeit ergeben, werden oft zusätzliche Arbeitsgruppen eingerichtet, etwa für Schnittstellenthemen zwischen zwei Teilprojekten oder besondere Fragestellungen, die – z. B. zeitlich begrenzt – im Rahmen der Projektarbeit aufkommen. Abhängig von der jeweiligen Fragestellung sind hier diverse Organisationsvarianten möglich.

KERNTEAM UND ERWEITERTES PROJEKTTEAM
Projektteams werden geschaffen, um eine spezifische Aufgabenstellung zu bearbeiten. Wie dargestellt ist eine zusätzliche Organisation neben der Primärorganisation sinnvoll. Dies bedeutet aber keinesfalls, dass Projekte deshalb unbedingt vom Rest der Organisation abgeschnitten sein sollten. Vielmehr ist es sinnvoll, viele unterschiedliche Expertisen und Meinungen von innerhalb und außerhalb der Organisation einzubinden.

Dies führt in der Praxis schnell zu einem sehr großen Kreis involvierter Personen, von denen viele quantitativ sehr begrenzte Beiträge leisten, wenngleich sie wegen ihrer Perspektive oder Expertise für das Projekt unverzichtbar sind. Hier hat sich eine Differenzierung zwischen Kernteam und erweitertem Projektteam als sinnvoll erwiesen.

Mitglieder des Kernteams müssen stets über die wichtigsten organisatorischen Regelungen und Entwicklungen des Projekts informiert sein. Sie müssen an entsprechenden Regelmeetings teilnehmen, um aktuell informiert zu sein, und den Projektvorgaben (bspw. Erstellung von Protokollen, Kenntnis und Beachtung von Dokumentationsstandards, Kenntnis organisatorischer Regelungen wie Raumbuchung etc.) folgen.

Hingegen ist es nicht sinnvoll, die Mitglieder des erweiterten Projektteams in diese „Projektdisziplin" einzubeziehen, denn sie unterstützen das Projekt ggf. nur wenige Stunden im Monat. Der Aufwand, der sich für Projektkernteammitglieder ergeben würde, wäre daher nicht angemessen. Als Mitglieder des erweiterten Projektteams können sie auf zeitraubende Aktivitäten wie Team-Meetings verzichten und werden durch ihre Ansprechpartner im Projektkernteam informiert und bei relevanten Organisationsfragen unterstützt.

Natürlich gibt es neben dem erweiterten Projektteam noch viele andere Personen, deren Unterstützung für das Projekt wichtig ist. Deren Inputs können bspw. in Workshops oder in Expertengesprächen eingebracht werden. Diese Personen sind aber keine Mitglieder des Projektteams.

Externe Personen (Experten oder Berater) bzw. Organisationen leisten zu Projekten oft wichtige Beiträge, können kapazitative und/oder fachliche Lücken schließen und abhängig von ihrem Einsatzgebiet Projektexterne, Projektkernteammitglieder oder auch Mitglieder des erweiterten Projektteams sein. Übernehmen externe Dienstleister Führungsaufgaben im Projektteam (bspw. als Projektleiter oder Teilprojektleiter), hat sich eine sogenannte Tandem-Struktur als sinnvoll erwiesen. Rollen wie die Projektleitung werden durch jeweils einen internen Mitarbeiter und einen externen Dienstleister („Berater") doppelt besetzt und als 2-Personen-Team wahrgenommen. Mit dieser Organisationsform kann bspw. die organisationsinterne Akzeptanz erhöht werden. Zugleich werden Fähigkeiten und Wissen beim internen Mitarbeiter aufgebaut, sodass die Abhängigkeit von externer Unterstützung langfristig verringert wird.

EXTERNE DIENSTLEISTER

5.3.3 Was ist der Lenkungsausschuss?

Die Interessen von Auftraggebern und anderen wichtigen Stakeholdern werden im Lenkungsausschuss (auch „Steuerkreis") gebündelt. Typische neben den Auftraggebern im Lenkungsausschuss vertretene Stakeholder sind bspw. Vertreter von Fachabteilungen, die später mit den Projektergebnissen arbeiten werden, Arbeitnehmervertreter („Betriebsrat" oder „Personalrat") oder auch andere Schlüsselpersonen mit beträchtlichem Einfluss auf das Gelingen und die Akzeptanz des Projekts (vgl. auch Kapitel Organizational Change Management/Stakeholder-Management, Seite 87).

Der Lenkungsausschuss ist das Aufsichtsgremium des Projekts und stellt somit dessen höchste Entscheidungsinstanz dar. Er überwacht die Einhaltung der Projektziele, steuert das Team durch Rahmenvorgaben und ist für die Abnahme der Arbeitsergebnisse verantwortlich. Dies geschieht oft zu Terminen, an denen die Meilensteine erreicht werden.

AUFSICHTSGREMIUM

Initialisieren – die Projektplanung

Die Projektleitung erstattet dem Lenkungsausschuss regelmäßig Bericht. Wiederum unterstützt der Lenkungsausschuss die Projektleitung und dient als Promotor für das Projekt, d. h., er schafft Akzeptanz dafür auf der Managementebene. Der Lenkungsausschuss ist gegenüber der Projektleitung weisungsbefugt.

Das Gremium sollte eher klein gehalten werden (idealerweise nicht mehr als fünf Personen). Je größer das Gremium ist, desto wichtiger sind klare Regeln und Strukturen, die sicherstellen, dass die Diskussion nicht unproduktiv wird und Entscheidungen nicht wieder und wieder neu diskutiert werden, nur weil einzelne Teilnehmer verhindert waren.

KRITIKER EINBINDEN

Der Lenkungsausschuss bietet die Chance, auch kritische Positionen einzubinden. Gelingt es mithilfe der Zusammensetzung des Lenkungsausschusses, „Betroffene zu Beteiligten zu machen", wird eine konstruktive Auseinandersetzung mit anschließender Einbindung in die „Projektdisziplin" möglich.

Die Häufigkeit, mit der der Lenkungsausschuss zusammentritt, ist projektabhängig. Ein Rhythmus von vier bis acht Wochen sollte ausreichend, wenngleich für kritische Fälle eine kurzfristige Einberufung möglich sein.

5.3.4 Wie kann eine typische Projektorganisation aussehen?

Abbildung 17 illustriert eine typische Projektorganisation mit Lenkungsausschuss im Zusammenhang.

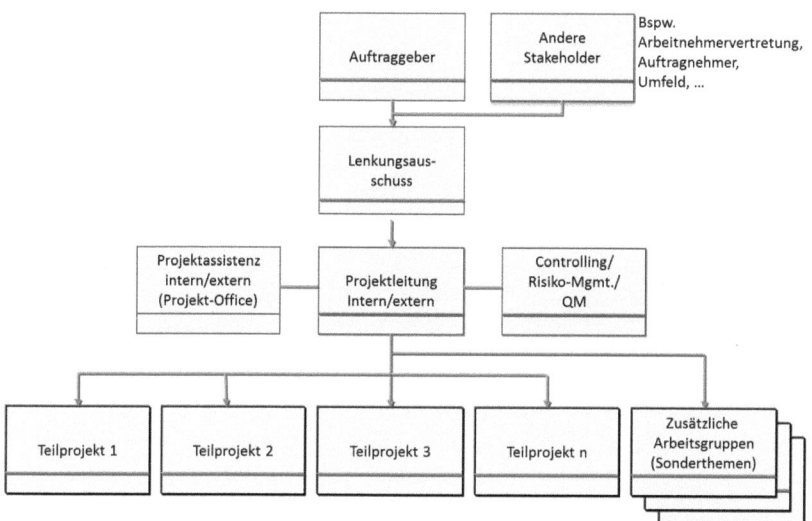

Abbildung 17: Projektaufbauorganisation mit Projektteam und Lenkungsausschuss

Herr Felix stellt sich die Frage, welche Projektaufbauorganisation für sein Projekt FlexVelo die geeignetste ist. Aus seinen Erfahrungen weiß er, dass es keine ideale Projektaufbauorganisation gibt.
Nachdem er sich konkrete Gedanken gemacht hat, berät er sich mit Frau Sommer. Sein Vorschlag beinhaltet vier Teilprojekte. Dazu kommen Projektassistenz, Controlling/Risikomanagement und Qualitätsmanagement sowie ein Lenkungsausschuss, in den auch die Stakeholder involviert werden sollen.
Frau Sommer, die Geschäftsleiterin, ist mit dem Vorschlag einverstanden, allerdings hat sie die Sorge, dass der Organisationsvorschlag zu viele Mitarbeiterkapazitäten bindet. Herr Felix kann Frau Sommer beruhigen. Projektcontrolling, Qualitäts- und Risikomanagement werden alle durch Herrn Exakt in Personalunion übernommen. Auch wird Herr Felix sich als Projektleiter persönlich um das *Organizational Change Management* und das Projektmarketing kümmern, sodass für dieses Aufgabenfeld kein eigener Bereich ausgewiesen wird.

Initialisieren – die Projektplanung

> Herr Felix erstellt auf dieser Basis den ersten Entwurf des Organigramms (Abbildung 18). Die Teilprojektleiter und Projektmitarbeiter stehen namentlich noch nicht fest. Dies wird erst im nächsten Schritt bei der Auswahl, Benennung und Initialisierung des Projektteams festgelegt (siehe Kapitel „Projektteam", Seite 69).

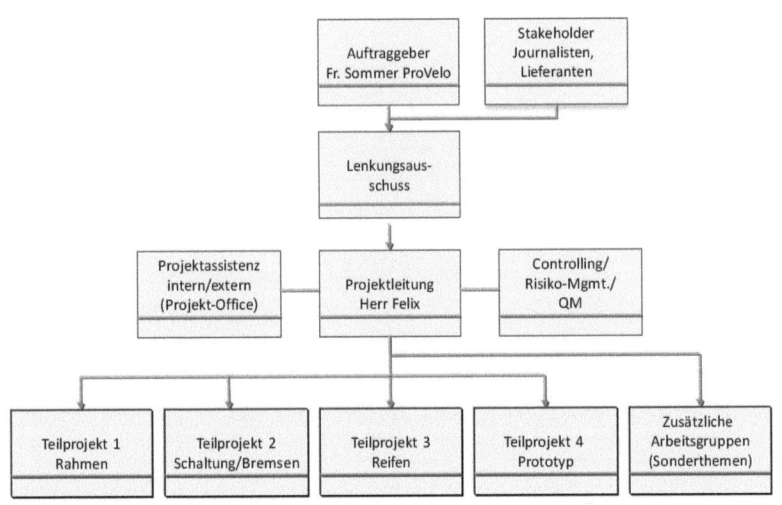

Abbildung 18: Organigramm Projekt FlexVelo

KERNAUSSAGEN UND HANDLUNGSEMPFEHLUNGEN

- Die Projektaufbauorganisation sollte in der Regel losgelöst von der Primärorganisation gebildet werden.
- Der Lenkungsausschuss ist das „oberste" Gremium des Projekts und vertritt die Interessen des Auftraggebers.
- Meist sind verschiedene Varianten der Projektaufbauorganisationen denkbar, die unterschiedliche Vor- und Nachteile haben.
- Rollen im Projektteam können bei kleineren Projekten auch in Personalunion besetzt werden.

5.4 Projektteam

> Herr Felix überlegt, wie er sein Team am besten zusammenstellen kann. Er macht sich Gedanken, welche Mitarbeiter er gerne in seinem Team hätte, wie er sie gewinnen und für das Projekt FlexVelo begeistern kann. Er fragt sich, welche Kompetenzen die Projektmitarbeiter mitbringen müssen und welche Anforderungen er an die einzelnen Mitarbeiter stellen muss. Im Anschluss bedenkt er, wie er diese Personen zu einem „richtigen Team" zusammenschweißen kann.

- Wie setzt sich ein gutes Team zusammen?
- Welche Teamrollen gibt es?
- Welche Teamgröße ist optimal?
- Wie läuft der Teambildungsprozess ab?
- Was sind die Rollen des Projektleiters?

ANTWORTEN IN DIESEM KAPITEL

Der Erfolg von Projekten hängt von den daran beteiligten Menschen ab. Daher gehört die Zusammenstellung des „richtigen" Teams zu den wichtigsten Erfolgsfaktoren eines Projekts.

5.4.1 Wie setzt sich ein gutes Team zusammen?

Damit ein Projektteam gut arbeitet, genügt es nicht, die zu erledigenden Projekttätigkeiten einfach auf die Mitarbeiter zu verteilen, also lauter „Einzelarbeiter" zu engagieren. Projektarbeit besteht aus vielen Situationen, in denen eine Gruppe mehr erreichen kann (und muss) als der Einzelne. Das setzt aber voraus, dass die Projektmitglieder fachlich und persönlich zueinanderpassen. Um die Projektaufgaben zu erledigen, sind unterschiedliche fachliche und methodische Kompetenzen (*Hard Skills*) notwendig. Zudem sind Kreativität sowie interkulturelle, soziale und persönliche Kompetenzen gefragt bzw. unerlässlich (*Soft Skills*). Die zumeist als Teamfähigkeit umschriebene persönliche Kompetenz verlangt, dass Mitarbeiter in der Lage sind, sich einer Gruppe anzuschließen und soziale Kontakte zu den Projektmitarbeitern aufzubauen. In der Gruppe gilt es dann, eine bestimmte Position bzw. Rolle einzunehmen und diese auch zu akzeptieren, was bei unterschiedlichen Persönlichkeiten eine Herausforderung darstellen kann. Auf die richtige Zusammensetzung der

TEAMFÄHIGKEIT

Gruppe kommt es an. Hierbei ist es wichtig, die persönlichen Fähigkeiten jedes Einzelnen zu berücksichtigen und eine bestmögliche Mischung zu wählen.

5.4.2 Welche Teamrollen gibt es?

TEAMROLLE — Als Teamrolle bezeichnet man die Position, die einem Projektmitglied innerhalb einer Projektgruppe zugewiesen ist. Damit verbunden ist eine entsprechende Aufgabe in inhaltlicher und sozialer Hinsicht. Die Teamrolle kann sich entweder aufgrund bekannter Leistungsschwerpunkte des Mitarbeiters ergeben oder sich im Laufe einer Team- bzw. Gruppendynamik herausbilden.

PERSÖNLICHKEITSTYPEN — Der Brite Meredith Belbin untersuchte in den 1970er Jahren die Auswirkungen von Teamzusammensetzungen auf die Teamleistung. Im Fokus standen Teams aus diversen Persönlichkeitstypen. Nach Belbin arbeiten Teams dann effektiv, wenn sie heterogen aus diversen Persönlichkeits- und Rollentypen zusammengesetzt sind, wobei er in seiner Gliederung die drei Hauptorientierungen handlungs-, personen- und denkorientierte Rollen unterscheidet, die wiederum jeweils drei der neun Teamrollen umfassen (Abbildung 19).

HANDLUNGSORIENTIERT — Zu den handlungsorientierten Rollen zählen die drei Teamrollen „Macher", „Umsetzer" und „Perfektionist".

PERSONENORIENTIERT — Zu den personenorientierten Rollen zählen die drei Teamrollen „Wegbereiter/Weichensteller", „Koordinator/Integrator" und „Teammitarbeiter/Mitspieler".

DENKORIENTIERT — Zu den denkorientierten Rollen zählen die drei Teamrollen „Neuerer/ Erfinder", „Beobachter" und „Spezialist".

Die richtige Kombination von Teamrollen macht Teams effizient, eine falsche Kombination schwächt sie. Es gibt Teamrollen, die für den Erfolg bei bestimmten Aufgaben und Konstellationen wichtiger sind als andere. Nachstehend sind Rollenbeitrag, Charakteristika und zulässige Schwächen der neun Teamrollen aufgeführt (Abbildung 19).

Projektteam

	Teamrolle	Rollenbeitrag	Charakteristika	zulässige Schwäche
handlungs-orientiert	Macher	hat Mut, Hindernisse zu überwinden	dynamisch, arbeitet gut unter Druck	ungeduldig, neigt zu Provokation
	Umsetzer	setzt Pläne in die Tat um	diszipliniert, verlässlich, effektiv	unflexibel
	Perfektionist	vermeidet Fehler, stellt optimale Ergebn. sicher	gewissenhaft, pünktlich	überängstlich, delegiert ungern
personen-orientiert	Wegbereiter/ Weichensteller	entwickelt Kontakte	kommunikativ, extrovertiert	oft zu optimistisch
	Koordinator/ Integrator	fördert Entscheidungsprozesse	selbstsicher/ vertrauensvoll	kann als manipulierend empfunden werden
	Teamarbeiter/ Mitspieler	verbess. Kommunikion, baut Reibungsverl. ab	kooperativ, diplomatisch	unentschlossen in kritischen Situationen
denk-orientiert	Neuerer/Erfinder	bringt neue Ideen ein	unorthodoxes Denken	oft gedankenverloren
	Beobachter	untersucht Vorschläge auf Machbarkeit	nüchtern, strategisch, kritisch	mangelnde Fähigkeit zur Inspiration
	Spezialist	liefert Fachwissen und Information	selbstbezogen, engagiert, Fachwissen zählt	verliert sich oft in technischen Details

Abbildung 19: Teamrollen nach Belbin

Die beste Voraussetzung für ein gutes Projektergebnis ist eine strategische Auswahl der Projektmitarbeiter. Der Projektleiter sollte Persönlichkeitstypen miteinander kombinieren, die einander gut ergänzen, effizient zusammenarbeiten und Konflikte nutzbringend lösen können.

In Projekten mit Schwerpunkten in Bereichen wie Change Management oder Kreativität (offene Aufgabenstellungen, umfassende Neuerungen im Unternehmen) ist die Zusammenstellung des optimalen Teams besonders schwierig. Hier sollte geprüft werden, welche Möglichkeiten ein systematisches *Diversity Management* bei der Teambildung bietet. Darunter versteht man das gezielte Ausschöpfen der Mitarbeiterpotenziale, verbunden mit (unterschiedlichem) Geschlecht, Alter, Ethnie und weiteren Merkmalen. — DIVERSITY MANAGEMENT

Neben den einzelnen Teamrollen ist die Teamgröße entscheidend für den Projekterfolg. Große Teams erfordern andere Rahmenbedingungen als kleine. — TEAMGRÖßE

Initialisieren – die Projektplanung

5.4.3 Welche Teamgröße ist optimal?

OPTIMALE TEAMGRÖßE

Die optimale Teamgröße hängt von der Aufgabe des Projekts ab. Tendenziell gilt jedoch: besser kleine als große Teams. Ab einer gewissen Größe wird das Handling der Gruppe für den Projektleiter schwieriger und es bedarf komplexerer Kommunikationsstrukturen. Die Verständigung im Team wird erschwert, die Entscheidungsprozesse dauern länger und Planungs- sowie Projektverwaltungsaufwand nehmen zu.

Daher sollte der Projektleiter sein Team im Regelfall eher klein halten und sich fragen: Welche Teamgröße genügt, damit die Gruppe die Aufgabe erfüllen kann? Zugleich muss auch er seinen Aufgaben noch gerecht werden können. Bewährt haben sich Gruppen mit einer Größe von fünf bis neun Personen.

Das Team sollte jedoch auch nicht zu klein sein. Sonst ist es schwierig, ausreichend unterschiedliche Perspektiven und Kompetenzen einzubinden und Vertretungen im Krankheitsfall etc. zu gewährleisten.

BROOK'S LAW

Auch ein späteres Aufstocken stellt sich meist als sehr problematisch dar. Die als *Brook's Law* bekannt gewordene Erkenntnis „Adding Manpower to a late project makes it later" weist darauf hin, dass die Einarbeitung neuer Teammitglieder zunächst vor allem zeitintensiv ist. Teammitglieder, die sowieso schon unter enormem Zeitdruck stehen, werden dann in ihrer Arbeit behindert, statt entlastet zu werden.

> Herr Felix überlegt, wie er die Mitarbeiter, die er gerne in seinem Projekt haben möchte, am besten systematisch einschätzen kann. Er entwickelt eine Checkliste mit Kriterien, die ihm wichtig sind. Auf diese Weise verschafft er sich ein strukturiertes Bild der einzelnen Mitarbeiter und der Gesamtheit aller infrage kommenden Personen (Abbildung 20).

Checkliste: Eignung Projektmitarbeiter				
Name:				
Hard Skills	vorhanden	teilweise vorhanden	nicht vorhanden	kann nicht beantwortet werden
Notwendige Fachkenntnisse				
Methodische Kenntnisse				
Zusätzliche Qualifikationen				
Soft Skills	vorhanden	teilweise vorhanden	nicht vorhanden	kann nicht beantwortet werden
Selbstständigkeit/Selbstorganisation				
Übernahme von Verantwortung				
Mut zur Eigeninitiative				
Durchsetzungsfähigkeit				
Teamfähigkeit				
Problemlösungskompetenz				
Disziplin				
Fähigkeit zur Konfliktlösung				
Gute Umgangsformen				
Motivation				
Kompromissfähigkeit				
Diskussionsfähigkeit				
Bemerkungen und abschließende Beurteilung:				

Abbildung 20: Checkliste Eignung als Projektmitarbeiter

Anschließend überlegt Herr Felix, welche Person mit welchem Profil eine bestimmte Rolle in seinem Team besetzen könnte.

Neben der fachlich-persönlichen Eignung sind die zeitlichen Ressourcen der Projektmitarbeiter ein wichtiger Aspekt der Teamplanung. Diese zeitlichen Verfügbarkeiten müssen im Vorfeld exakt geprüft werden. Können die gewünschten Personen in Vollzeit oder Teilzeit mitarbeiten? Was ist die erforderliche Mindestverfügbarkeit? Als Vollzeit-Projektmitarbeiter sind sie vom Tagesgeschäft losgelöst und können sich komplett auf die Projektarbeit konzentrieren. Das birgt aber die Gefahr, dass sie nach Beendigung des Projekts Schwierigkeiten haben, in ihrer alten Abteilung wieder Fuß zu fassen. Teilzeitbeschäftigte wiederum können als Botschafter für das Projekt in der eigenen Abteilung auftreten, bringen sich aber nicht so sehr in das Projekt ein.

VERFÜGBARKEIT

Initialisieren – die Projektplanung

MINDEST-VERFÜGBARKEIT

Das Know-how und Engagement bestimmter Schlüsselpersonen kann in den unterschiedlichsten Projekten und Aktivitäten eine entscheidende Komponente darstellen. Wenn eine ausreichende Kapazität (mind. 33 %) für das Projekt unrealistisch erscheint, sollte eine Einbindung als Experte bedacht werden. Auch könnten diese Mitarbeiter so weit wie möglich von projektadministrativen Tätigkeiten entlastet werden.

BETROFFENE EINBINDEN

Ein wesentlicher Punkt ist schließlich die Identifikation mit den Problemen des Betriebs. Es sollte danach gestrebt werden, die zukünftigen „Betroffenen" frühzeitig einzubinden. Ein Projektmitarbeiter, der später mit den Projektergebnissen arbeiten muss, ist ggf. anders motiviert als ein Mitarbeiter, für den die Ergebnisse keine Änderungen im späteren Berufsleben bedeuten. Beim Übergang vom Projekt in den laufenden Betrieb können Projektmitarbeiter das erarbeitete Know-how in ihre Abteilung transportieren und oft auch schon vorab praxisnahes Know-how einbringen. Insgesamt sollte auch personell möglichst hohe Kontinuität von der Entwicklung zum späteren Betrieb angestrebt werden.

All diese Punkte sind von Fall zu Fall abzuwägen. Es gilt zu bewerten, was für das aktuelle Projekt das Beste ist: Vollzeit- oder Teilzeitmitarbeiter? Zukünftige Betroffene oder Nichtbetroffene? Persönlichkeitstyp X oder Persönlichkeitstyp Y? Auch in dieser Hinsicht ist die Zusammensetzung des Teams als Ganzes ausschlaggebend.

> Nachdem Herr Felix Einzelne mithilfe der Checkliste „Eignung Projektmitarbeiter" beurteilt hat, arbeitet er einen Vorschlag für die Besetzung des Projektteams aus, um ihn mit Frau Sommer, der Geschäftsführerin und Auftraggeberin des FlexVelo-Projekts, zu besprechen.
> Insgesamt kommt er auf elf geeignete Personen. Dies ist eine Anzahl an Mitarbeitern, die sich gut managen lässt.
> Für die Teilprojekte 1 „Rahmen" und 2 „Schaltung/Bremsen" hat er jeweils einen Teilprojektleiter und drei Vollzeitmitarbeiter vorgesehen. Für das Teilprojekt 3 „Reifen" plant er nur eine Person zur Koordination ein. Weitere interne Mitarbeiter gibt es hier nicht, weil dieser Teil extern bearbeitet wird.

Das Teilprojekt 4 „Prototyp" wird mit den Mitarbeitern des ersten und des zweiten Teilprojekts besetzt, weil diese Teilprojekte beim Start des Teilprojekts „Prototyp" bereits abgeschlossen sein werden. Somit verfügen diese Mitarbeiter wieder über freie Kapazitäten, außerdem können sie ihr erworbenes Knowhow einbringen.

Für das Teilprojekt 4 „Prototyp" hat Herr Felix insgesamt 6 Personen vorgesehen. Als Projektassistenz hat er eine Person eingeplant und für Qualitätsmanagement, Controlling und Risikomanagement eine Person. Er legt Frau Sommer das entsprechende Organigramm vor (Abbildung 21).

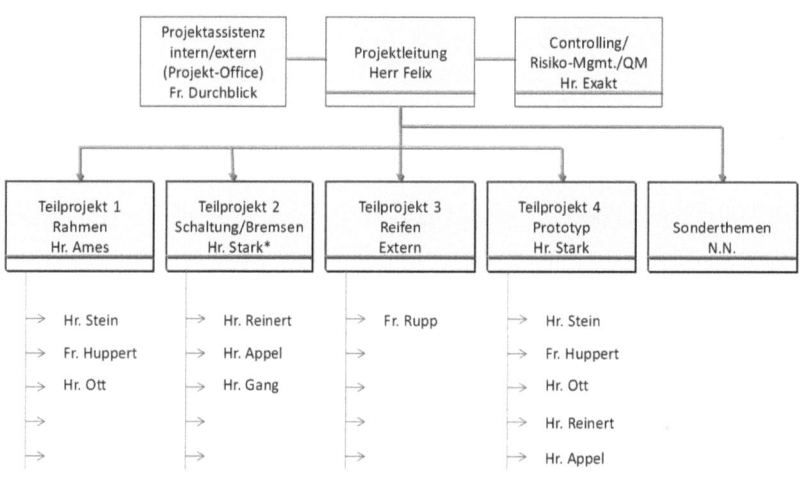

Abbildung 21: Organigramm FlexVelo – Vorschlag von Herrn Felix

Frau Sommer schaut sich das Organigramm an und ist mit der Besetzung einverstanden. Sie findet gut, dass die Mitarbeiter der Teilprojekte 1 und 2 im Teilprojekt „Prototyp" eingesetzt werden, weil sie hier das zuvor erworbene Knowhow einbringen können. Auch scheint ihr die Zusammensetzung der Persönlichkeiten gelungen.

Herr Felix kann mit der Planung des ersten Teambuilding-Events beginnen.

Bereits bei der erstmaligen Zusammensetzung des Teams sollten „Projektkerntage" definiert werden. An diesen Kerntagen ist auch für noch in anderen Aktivitäten gebundene Teammitglieder die Anwesenheit Pflicht. Nur so kann ein regelmäßiger, zeitnaher und persönlicher Austausch gewährleistet werden.

PRAXISTIPP
PROJEKT-
KERNTAGE

Initialisieren – die Projektplanung

Wie sich eine Gruppe verhält, kann durch den Teambildungsprozess maßgeblich beeinflusst werden. Dieser sei daher im Folgenden erläutert.

5.4.4 Wie läuft der Teambildungsprozess ab?

Der Teambildungsprozess lässt sich in vier Phasen einteilen:

- Orientierungsphase (Forming),
- Konfliktphase (Storming),
- Regelphase (Norming),
- Leistungsphase (Performing).

ORIENTIERUNGS-PHASE (FORMING)
In der Orientierungsphase kommt das Team zusammen und die Teammitglieder lernen einander kennen. Diese Phase ist geprägt durch abwartende Zurückhaltung und höfliches Kennenlernen, Beziehungen untereinander sind noch unklar.

KONFLIKTPHASE (STORMING)
Während der Konfliktphase differenziert sich die Gruppe. Persönliche Konflikte bezüglich des Projekts oder anderer Teammitglieder werden offenbar, sodass sich erste Rollen im Team ergeben und Strukturen entwickeln.

REGELPHASE (NORMING)
Mit der Zeit entwickeln sich Verfahrensweisen, Rollen und Regeln, nicht zwangsläufig mit formalem Charakter. Viele Normen bleiben implizit, haben aber erhebliche Bedeutung für das Zusammenspiel im Team.

LEISTUNGSPHASE (PERFORMING)
Nachdem sich die impliziten und expliziten Normen der Teamzusammenarbeit entwickelt haben, kann das Team in die Leistungsphase übergehen. Teammitarbeiter haben ihre Rolle gefunden. Praktikable Umgangsformen und Prozesse stehen zur Verfügung. Das Team kann seine Leistung erbringen.

Die dargestellte Form der Teamentwicklung kann natürlich nur ein grobes Raster darstellen, das typische Gruppenprozesse beschreibt. Jeder Teamfindungsprozess verläuft anders. Außerdem kann der Prozess mehrfach in unterschiedlicher Intensität durchlaufen werden, bspw. wenn ein neues Teammitglied hinzukommt.

Ein systematisches Teambuilding sollte den Teamformungsprozess gezielt begleiten und unterstützen. Für diesen Zweck sind ausreichend Zeit und Geld einzuplanen. Auch die rechtzeitige Terminfindung ist in der Praxis ein wesentlicher Faktor.

SYSTEMATISCHES TEAMBUILDING

Verschiedene Anbieter unterstützen den Teambuildingprozess mit spezifischen Angeboten, oft verknüpft mit besonderen Veranstaltungsorten und Aktivitäten. Aktivitäten wie gemeinsame Klettertouren, Nachtwanderungen etc. erfordern frühzeitig eine teamorientierte Zusammenarbeit und schaffen Vertrauen zu den anderen Teammitgliedern.

5.4.5 Worin bestehen die Rollen des Projektleiters?

Der Projektleiter ist die wichtigste Person in einem Projekt, er ist mehr als „nur Chef". Um einen „guten Job" zu machen, muss er viele Fähigkeiten mitbringen. Abbildung 22 skizziert die Rollen des Projektleiters.

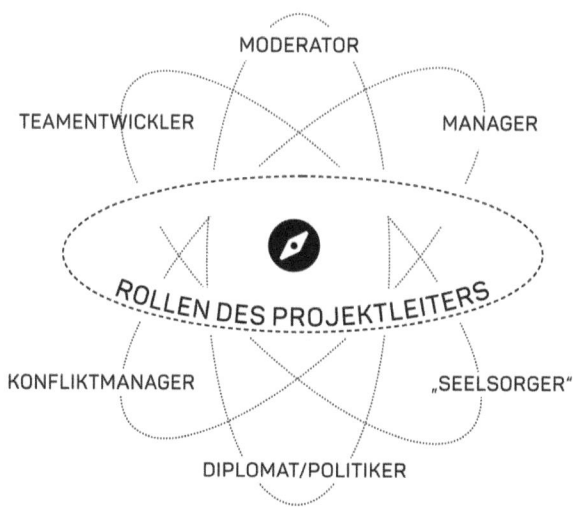

Abbildung 22: Rollen des Projektleiters

Initialisieren – die Projektplanung

TEAM-ENTWICKLER	In der Rolle als „Teamentwickler" fördert er den Teamgedanken, schafft gegenseitige Akzeptanz und sorgt für kollegiale Unterstützung.
MODERATOR	In der Rolle als „Moderator" beruft er Sitzungen ein, leitet diese und setzt dabei methodische Hilfsmittel ein. Er stimmt die Zielsetzung des Projekts mit seinem Team ab, fördert die Kommunikation zwischen den Teammitgliedern und sorgt für eine positive Arbeitsatmosphäre.
SEELSORGER	In der Rolle als „Seelsorger" erkennt er Spannungen, hört sich die Sorgen und Nöte seiner Teammitglieder an und löst zwischenmenschliche Probleme. Dies fördert zudem die Arbeitsmoral.
DIPLOMAT/POLITIKER	In der Rolle als „Diplomat/Politiker" vertritt er das Projekt nach außen. Er pflegt gute Beziehungen zu den Linienvorgesetzten und setzt das Projekt ins „richtige Licht".
KONFLIKT-MANAGER	In der Rolle als „Konfliktmanager" besitzt er soziale Kompetenz und Basiswissen über Kommunikationsstrukturen und Verhaltensmuster. Er ist in der Lage, Konflikte zu thematisieren und Lösungswege zu entwickeln. Er sorgt für die permanente Arbeitsfähigkeit seines Projektteams.

Ersichtlich wird, dass ein Projektleiter vor allem über kommunikative Kompetenzen verfügen muss. Er muss diplomatisch sein, Konflikte lösen und mit unterschiedlichen Persönlichkeiten kommunizieren können. Dazu kommen Organisations- und Repräsentationstalent. Ein guter Projektleiter weiß immer, was in seinem Projekt passiert. Er trägt für das Projekt die Verantwortung, was sich in seinem Handeln konsequent niederschlägt.

DAS PETERPRINZIP VERMEIDEN

Das Peterprinzip besagt, dass Mitarbeiter bis zur höchsten Stufe ihrer Unfähigkeit aufsteigen. Oft werden hervorragende Fachexperten so lange befördert, bis sie sich in einer Aufgabe wiederfinden, in der die fachlichen Qualitäten nur noch von geringem Wert sind, aber andere Fähigkeiten wie Führung, Kommunikation, Motivation etc. entscheidend sind.

- Das „richtige Team" ist ein zentraler Erfolgsfaktor für ein Projekt. Bei der Auswahl der Mitarbeiter sollten Persönlichkeitstypen kombiniert werden, die trotz oder wegen ihrer Unterschiedlichkeiten gut zusammenarbeiten.  KERNAUSSAGEN UND HANDLUNGSEMPFEHLUNGEN
- Vielfalt ist gut! Die Kombination unterschiedlicher Persönlichkeitstypen hilft, Sackgassen zu vermeiden, und sorgt für viele Perspektiven.
- Erfolgreiche Teams gehen aus guten Teambildungsprozessen hervor. Dafür sind entsprechend Zeit und Budget einzuplanen.
- Gute Teammitglieder zeichnen sich durch fachliche und persönliche Eignung aus. Zudem haben sie ausreichende zeitliche Kapazitäten für das Projekt.
- Wenn möglich sollte man die zukünftigen „Betroffenen" der Projektergebnisse frühzeitig einbinden.
- Der Projektleiter muss in seiner Rolle eine besondere Vielzahl von Aufgaben und Fähigkeiten abdecken.

5.5 Projekthandbuch

Herr Felix überlegt, welche Inhalte das Projekthandbuch umfassen sollte und wie man es am zweckdienlichsten gliedert. Er denkt darüber nach, wie er die Kommunikation über das Handbuch und dessen Pflege institutionalisieren könnte.

ANTWORTEN IN DIESEM KAPITEL

- Warum ein Projekthandbuch?
- Welche Ziele hat ein Projekthandbuch?
- Wie kann ein Projekthandbuch gegliedert werden?

5.5.1 Warum ein Projekthandbuch?

Für die erfolgreiche Realisierung der Projektarbeit müssen im Team Standards bekannt sein und auch befolgt werden. Auch nach außen sind nachvollziehbare Standards für evtl. Reviews o. Ä. sinnvoll. Zu diesem Zweck bedarf es der schriftlichen Fixierung bestehender Regelungen im Projekthandbuch, das allen Projektmitarbeitern als Verfahrensanweisung dient sowie Orientierung und Hilfe für die Projektarbeit bietet.

Herr Felix stellt seinen ersten Entwurf des Projekthandbuchs vor. Allerdings besteht mit seinen Teilprojektleitern kein Konsens über dessen Inhalt. Es wird nicht von allen akzeptiert, einige halten ein Projekthandbuch sogar für überflüssig. Ihnen ist dessen Zweck nicht transparent und die gewählte Struktur im Handbuch leuchtet ihnen nicht ein. Es gibt Abstimmungsbedarf über den Inhalt. Zudem ist die Abgrenzung zwischen Projekthandbuch, Projektdokumentation und Projektbericht nicht unmissverständlich vollzogen.

5.5.2 Welche Ziele hat ein Projekthandbuch?

Das Projekthandbuch enthält die Regeln und Bestimmungen für das jeweilige Projekt sowie die für dessen Durchführung notwendigen Informationen. Mit dem Projekthandbuch werden fünf Ziele verfolgt (Abbildung 23).

Projekthandbuch

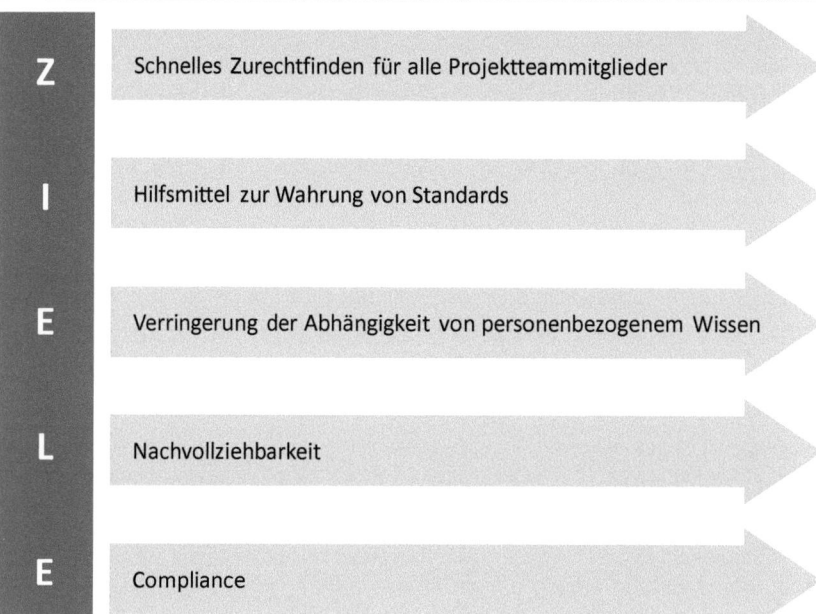

Z	Schnelles Zurechtfinden für alle Projektteammitglieder
I	Hilfsmittel zur Wahrung von Standards
E	Verringerung der Abhängigkeit von personenbezogenem Wissen
L	Nachvollziehbarkeit
E	Compliance

Abbildung 23: Ziele des Projekthandbuchs

Nicht zu den Zielen des Projekthandbuchs gehören die Projekt(-verlaufs-)dokumentation sowie die Ergebnisdarstellung. Mitunter herrscht Verwirrung in Bezug auf die Abgrenzung von Projekthandbuch, -dokumentation und -ergebnisbericht. Abbildung 24 stellt die drei Dokumente einander gegenüber.

	Projekthandbuch	Projektdokumentation	Projektergebnisbericht
Zweck	Es dient allen Projektmitar-beitern als Verfahrensan-weisung, gibt Orientierung und Hilfe.	Sammlung aller Unterlagen und Informationen während der Projektdauer.	Darstellung der erarbeiteten Ergebnisse.
Bestimmt für	Interne Zwecke	Interne Zwecke	Interne und externe Zwecke
Zeitpunkt	Im besten Fall vor Projektstart bereits erstellt und gepflegt und aktuell gehalten während der Projektdauer.	Laufend während der Projektdauer.	Fertigstellung bis zum Ende der Projektdauer.
Inhalt	Gibt nur Rahmen vor und strukturiert das Projekt. Enthält ggf. bereits Gliederungsvorschlag für Ergebnisbericht.	Vielfältige Unterlagen, Rohdaten, Protokolle etc. (z.B. auf Laufwerken abgelegt nach der vorgegebenen Struktur des Handbuchs).	Erarbeitete Ergebnisse, aufbereitet.

Abbildung 24: Projekthandbuch vs. Projektdokumentation vs. Projektergebnisbericht

Initialisieren – die Projektplanung

ZWECK DER DOKUMENTE VERMITTELN

Inhalt und Zweck von Handbuch, Dokumentation und Ergebnisbericht sind oft nicht eindeutig bekannt und führen zu Verwirrung. Dies sollte vermieden und der Thematik in der Projektdokumentation ausreichend Platz eingeräumt werden.

5.5.3 Wie kann ein Projekthandbuch gegliedert werden?

RELATION AUFWAND UND NUTZEN

Ein Projekthandbuch sollte alle wesentlichen Informationen zum Projekt enthalten. Gliederung und Detaillierung sind unter Berücksichtigung der Projektgröße zu entwickeln. Während in größeren Projekten ein größerer Personenkreis über Schriftkommunikation erreicht werden muss, kann bei kleineren Projekten einiges im persönlichen Gespräch geklärt werden; auch muss der Aufwand für Erstellung und Pflege in Relation zum gesamten Projektaufwand stehen.

ZWECK UND VERANTWORTLICHKEITEN

In einem Projekthandbuch ist zu Beginn dessen Zweck zu erläutern und die Spielregeln zu verdeutlichen. Aufgaben, Kompetenzen und Verantwortlichkeiten aller am Projekt Beteiligten sollten abgesteckt sein und auch die Stakeholder Berücksichtigung finden. Wichtig ist auch, dass geklärt wird, wer für Pflege und Aktualisierung verantwortlich ist. Projektaufbauorganisation, Projektmitarbeiterlisten mit Kontaktdaten sowie Urlaubs- und Anwesenheitslisten bereitzustellen und aktuell zu halten, ist für alle Mitarbeiter im Projekt hilfreich und gibt Orientierung.

TERMINE UND ORGANISATORISCHES

Zudem geben Informationen über das Projekt wie z. B. Ziele, Teilziele, aktueller Projektplan mit Terminen Orientierung. Sinnvoll ist es, die bereits definierten Termine der Regelmeetings bekannt zu geben. Organisatorisches wie die Ablage von Projektdokumenten in der Gruppensoftware und die zu verwendenden Formulare sowie die Infrastruktur (Räumlichkeiten, Sekretariat etc.) sollten ebenfalls beschrieben sein.

VORLÄUFIGE GLIEDERUNG ERGEBNISBERICHT

Sich bereits über die Gliederung des Projektergebnisberichts Gedanken zu machen ist ratsam, da dies Projektmitarbeitern kommuniziert, was vom Projekt erwartet wird, und verdeutlicht, auf welche Art von Ergebnissen es hinzuarbeiten gilt und wie diese sinnvollerweise zu dokumentieren sind, sodass sie sich später gut in den Bericht einfügen lassen. Wenn möglich, sollte die Gliederung des Ergebnisberichts bereits im Projekthandbuch enthalten sein (empfohlene Gliederungspunkte eines Projekthandbuchs finden sich auf Seite196).

In vielen Projekten erschweren zahlreiche Abkürzungen die Kommunikation. Mithilfe eines entsprechenden Abschnitts im Projekthandbuch – evtl. dynamisch als Wiki ausgestaltet – lassen sich die relevanten Abkürzungen dokumentieren.

ABKÜRZUNGS-VERZEICHNIS

Wichtig ist es, Inhalte aktuell zu halten. Um dies zu erreichen, ist beim Projekthandbuch manchmal weniger mehr. Das Projekthandbuch sollte so kompakt wie möglich formuliert sein. Nur wirklich notwendige Inhalte sollten ihren Weg in den Text finden. Auch sollten eine schnelle Erschließbarkeit und möglichst einfache Lesbarkeit im Vorderrund stehen. Damit ein Handbuch auch „gelebt" wird, sollte jedem Projektmitarbeiter der Nutzen vermittelt werden. Es sollte deutlich werden, welchen Beitrag das Projekthandbuch dazu leistet, um Standards und Einheitlichkeit, ggf. auch Revisionssicherheit zu gewährleisten. Schließlich ist das Projekthandbuch eine wichtige Hilfe bei der Einarbeitung neuer Mitarbeiter.

Das Projekthandbuch erfüllt seinen Zweck nur dann, wenn es genutzt wird. Damit dies geschieht, muss es fortwährend aktualisiert und verbessert werden. Regelmäßig sollte geprüft werden, welche Abschnitte tatsächlich genutzt werden, ob es noch aktuell und einfach verständlich ist etc.

LEBENDES PROJEKTHANDBUCH

Zur einfachen Pflege und ortsunabhängigen Verfügbarkeit des Projekthandbuchs bieten sich moderne Plattformen wie Wikis an.

Idealerweise sollte das Projekthandbuch möglichst unmittelbar nach der Initialisierungsphase zur Verfügung stehen, da in dieser Phase auch neue Mitarbeiter in das Projekt einsteigen. Ein Projekthandbuch sollte inkrementell erstellt und Teile sofort für die Projektarbeit (und Weiterentwicklung) bekannt gemacht werden, auch wenn andere Teile noch nicht komplettiert sind.

Initialisieren – die Projektplanung

KERNAUSSAGEN
UND HANDLUNGS-
EMPFEHLUNGEN

- Das Projekthandbuch enthält die relevanten Standards und Regularien für die Projektarbeit.
- Das Projekthandbuch dient allen Projektmitarbeitern als Verfahrensanweisung. Es gibt Orientierung und Hilfestellung.
- Ein Projekthandbuch sollte einfach und praxisorientiert gestaltet sein. Nur notwendige Inhalte sollten im Text behandelt werden. Wichtig ist ein aktuelles Projekthandbuch, das vom Team „gelebt" wird.
- Das Projekthandbuch ist nicht mit Projektdokumentation oder Projektergebnisbericht zu verwechseln!

6 Durchführen – die operative Projektarbeit

„Kein Plan überlebt den Kontakt mit der Realität."
(angelehnt an Helmuth von Moltke)

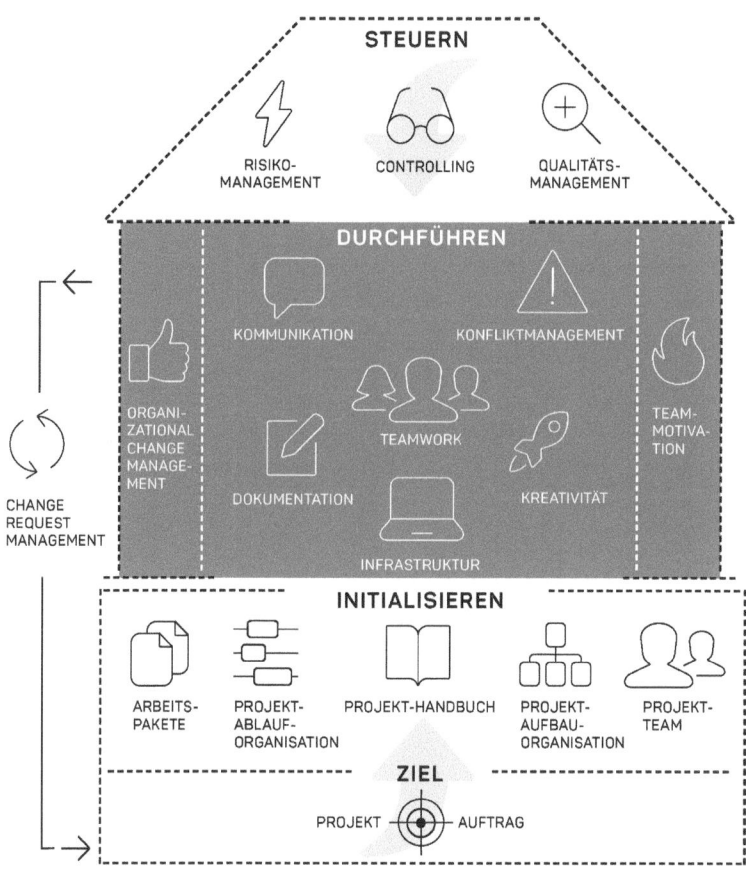

In der Phase der Zieldefinition wurden die Projektinhalte durch den Projektauftrag beschrieben und die Ziele klar definiert. Anschließend wurden in der Initialisierungsphase die Grundlagen des Projekts und damit der Grundstein für ein erfolgreiches Projekt gelegt.

Durchführen – die operative Projektarbeit

OPERATIVE PROJEKTARBEIT

„Durchführung" beinhaltet die operative Projektarbeit, mit der das Projektteam auf das definierte Ziel hinarbeitet. Motivierte Mitarbeiter und unterstützende Stakeholder bilden symbolisch die Säulen einer guten Projektarbeit. Wenn ihre Bedürfnisse und Interessen keine oder unzureichende Berücksichtigung erfahren, wird das Projekt nicht getragen.

In der operativen Durchführung und der Teamarbeit sind die Aspekte der Kommunikation, der Kreativität, des Konfliktmanagements und schließlich der Dokumentation zu organisieren.

AKTUALITÄT DES PROJEKTAUFTRAGS

Parallel muss für die Bereitstellung der Projektinfrastruktur in Form von Räumlichkeiten, IT-Infrastruktur u. a. gesorgt sowie die Aktualität des Projektauftrags laufend überwacht werden. Ergeben sich Änderungen, müssen diese im Rahmen des *Change Request Managements* in einem geordneten Prozess bewertet, entschieden und dokumentiert werden.

OPERATIVES PROJEKTMANAGEMENT

Alle diese Aufgabenfelder des operativen Projektmanagements sind bereits im Vorfeld Gegenstand der Planung. Im Rahmen der Initialisierungsphase sind sie zu konzipieren und im Projekthandbuch zu dokumentieren. Während der Durchführungsphase gilt es, die geplanten Strukturen umzusetzen, auszugestalten und weiterzuentwickeln.

Gegenstände der Durchführungsphase:

- Säulen der Projektarbeit
    - *Organizational Change Management*/Stakeholder-Management
    - Teammotivation
- Operative Projektarbeit und Teamwork
    - Kommunikation
    - Konfliktmanagement
    - Kreativität
    - Dokumentation
    - Infrastruktur
    - *Change Request Management*

6.1 Organizational Change Management/Stakeholder-Management

> Herr Felix überlegt, wer vor und hinter den Kulissen in seinem Projekt beteiligt ist bzw. Einfluss oder Interesse daran hat. Wie lassen sich diese Personen oder Personengruppen charakterisieren? Wie kann er den Einfluss der Beteiligten richtig einschätzen? Und was kann er tun, damit die Schlüsselpersonen dem Projekt positiv gegenüberstehen, es unterstützen?
>
> Ihm ist bewusst, dass nicht alle gleich wichtig und seine Möglichkeiten begrenzt sind. Aber er möchte im Vorfeld sichergehen, alle bedacht zu haben, um später von bösen Überraschungen verschont zu bleiben. Also trifft sich Herr Felix mit seinen Teilprojektleitern und überlegt, was zu tun ist.

- Was ist die Grundherausforderung des *Organizational Change Management* (OCM)?
- Exkurs: Endowment-Effekt (Besitztumseffekt)
- Wie funktioniert eine Stakeholder-Analyse?
- Was sind die Ansatzpunkte des OCM?
- Wie sollten Projektinformationen und Projektmarketing gestaltet sein?

ANTWORTEN IN DIESEM KAPITEL

6.1.1 Worin besteht die Grundherausforderung des *Organizational Change Management*?

Menschen reagieren auf Neuerungen oft mit Skepsis und fühlen sich unsicher. Das *Organizational Change Management* (OCM), also das Veränderungsmanagement, zielt darauf ab, Akzeptanz für Veränderungen in Organisationen zu schaffen. Angestrebt wird ein veränderungsfreundliches Klima, das Wandel ermöglicht und den Mitarbeitern die Ängste nimmt.

„SCHAFFEN VON AKZEPTANZ"

Daraus resultiert, dass mit den Ängsten und Bedenken der Mitarbeiter kompetent umgegangen werden muss. Zu diesem Zweck ist es wichtig, die verschiedenen Gruppen zu verstehen, ihre Interessen und Einflussmöglichkeiten zu kennen und Personen und Gruppen entsprechend einzubinden.

ÄNGSTE UND BEDENKEN DER MITARBEITER

BEGRIFF „CHANGE MANAGEMENT" Nicht zu verwechseln ist OCM mit dem Begriff des *Change Request Management*. Beide werden verkürzt als *Change Management* bezeichnet. Beim *Change Request Management* handelt es sich aber um den Prozess des Managements formaler Änderungsanforderungen bzgl. einer Projektzielsetzung (vgl. Kapitel „Change Request Management", Seite143). Beim OCM steht hingegen wie dargestellt die Akzeptanz der definierten Ziele im Vordergrund.

Es gibt viele Gründe, warum Veränderungen schwierig sind:

- Beharrung auf Status quo aufgrund von Angst oder Bequemlichkeit,
- Wunsch nach Selbstbestimmung,
- Angst vor den Dingen, die wir nicht verstehen.

In diesem Zusammenhang ist auch das grundsätzliche Verhaltensmuster der Menschen in Bezug auf ihren Besitz von Bedeutung. Dies wird im nachfolgenden Exkurs erläutert.

6.1.2 Exkurs: Endowment-Effekt (Besitztumseffekt)

Ein Effekt, der die Akzeptanz von Projekten beeinflusst, ist der sogenannte Besitztumseffekt. Menschen begreifen eine Sache, die sie besitzen, als wertvoller als eine gleichwertige Sache, die nicht in ihrem Besitz ist. Folgendes Beispiel veranschaulicht diesen Effekt:

KAFFEBECHER-EXPERIMENT Für sein „Kaffeebecher-Experiment" bildete der Psychologe Daniel Kahneman 1990 zwei Gruppen. Den Testpersonen der ersten Gruppe schenkte er je einen Becher. Danach bekamen sie die Gelegenheit, den Becher zu verkaufen. Den Testpersonen der zweiten Gruppe (der Kontrollgruppe) wurde der gleiche Becher gezeigt und sie wurden gefragt, was sie bereit wären, dafür zu bezahlen. Der Preis der Gruppe 1 (Verkäufer) lag im Mittel bei 7,12 $. Die Gruppe 2 (Käufer) wollte hingegen durchschnittlich nur 2,87 $ dafür ausgeben. Auch andere Experimente zeigen, wie sich der Besitztumseffekt mit dem Faktor zwei und höher auswirkt. Menschen fordern das Doppelte für die Abgabe eines Objekts aus ihrem Besitz verglichen mit der Zahlungsbereitschaft für ein neues Objekt. Der Besitztumseffekt deutet darauf hin, dass viele Menschen dazu neigen, eher in der aktuellen Konstellation zu verharren und den Status quo zu bewahren.

OCM zielt darauf ab, die Bereitschaft für die durch die Projektdurchführung angestrebten Änderungen zu fördern. Um dieses Ziel zu erreichen, bedarf es zunächst eines differenzierten Verständnisses, wer durch die vom Projekt bewirkten Veränderungen betroffen sein und sonst Einfluss auf den Projekterfolg haben wird. Dies wird mithilfe der sogenannten Stakeholder-Analyse ermittelt.

6.1.3 Wie funktioniert eine Stakeholder-Analyse?

Stakeholder (*stake* = ein (mit Risiko verbundener) Einsatz) sind Interessengruppen oder Personen, die den Erfolg des Projekts beeinflussen können oder durch das Projekt berührt werden.  STAKEHOLDER

Ziel der Stakeholder-Analyse ist es, Gruppen, die ein Interesse am Projekterfolg bzw. Einfluss auf den Projektverlauf haben, zu identifizieren und ihre potenzielle Wirkung auf den Projekterfolg zu bestimmen.

Stakeholder definieren sich z. B. durch:

- Einflussmöglichkeiten auf den Projektverlauf,
- Entscheidungsbefugnis auf (höchster) politischer Ebene,
- Betroffenheit von der Veränderung.

Studien zeigen, dass in der Praxis von Projekten nur in einem Drittel der Fälle Stakeholder-Management regelmäßig betrieben wird. Bei einer Stakeholder-Portfolio-Analyse werden die Stakeholder nach den Kriterien Einfluss und Interesse eingestuft. Sie gibt darüber Aufschluss, wer wie zu berücksichtigen ist. Den Stakeholdern, die erheblichen Einfluss und großes Interesse am Projekt haben, gilt es, viel Aufmerksamkeit zu schenken. Dabei ist zu beachten, dass jeder Stakeholder-Typ (Abbildung 25) – egal ob Schlüsselspieler, Beobachter, Ignorant oder Betroffener – dem Projekt positiv oder auch negativ gegenüberstehen kann. Eine Stakeholder-Analyse lässt sich gut mit einem *Stakeholder-Portfolio* visualisieren.

Durchführen – die operative Projektarbeit

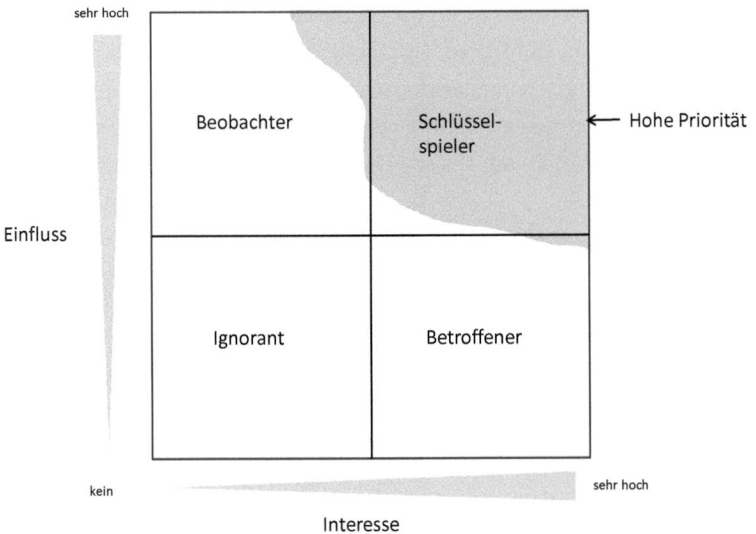

Abbildung 25: Einschätzung der Stakeholder nach den Kriterien Einfluss und Interesse

Herr Felix entwickelt ein Formular mit den Kriterien, die für die Einteilung und Beurteilung der Stakeholder wichtig sind, füllt mit seinem Team die Liste aus (Abbildung 26) und erstellt eine Portfolio-Analyse (Abbildung 27).

Stakeholderliste							
Projekt:	FlexVelo				Datum:	10. April	
Gruppe Rolle Person	Einflussmöglichkeiten/ Macht	Art der Einflussmöglichkeit	Interesse am Projekt	Ziele primär	Friend/ Foe	Stakeholdertyp	Strategie
Händler	hoch	Werbung bei Kunden	mittel	Fahrradverkauf	Friend	Beobachter	informieren
Lieferanten	mittel	Projektentwicklung fördern	mittel	Verkauf Zulieferprodukte	Friend	Beobachter	informieren
Journalisten Bikerzeitung	hoch	Veröffentlichungen	mittel	hohe Auflage	Friend	Beobachter	informieren
Journanlisten (ohne Fahrradhintergrund)	niedrig	Veröffentlichungen	niedrig	keine	Foe oder Friend	Ignorant	keine Aktivität

Abbildung 26: Auszug aus der Stakeholder-Liste des Projekts FlexVelo

Das komplette Dokument siehe Kapitel „Ergänzende Informationen und Abbildungen" auf Seite 193.

Organizational Change Management/Stakeholder-Management

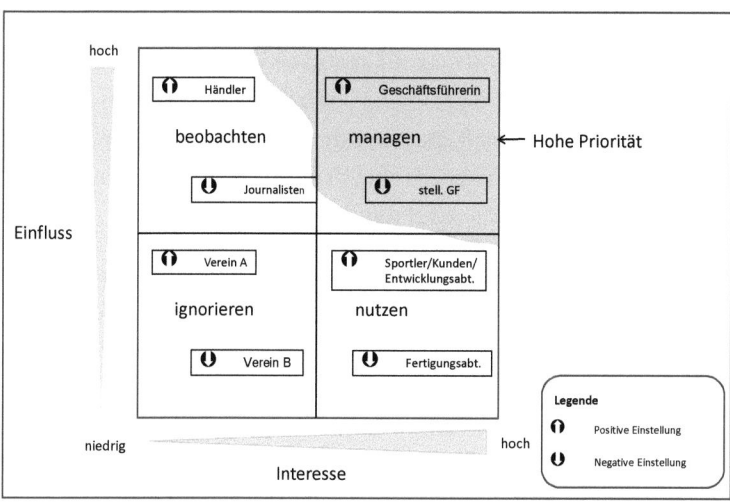

Abbildung 27: Stakeholder-Portfolio-Analyse des Projekts FlexVelo

Nach der Analyse (Abbildung 27) erkennt Herr Felix, dass es seine wichtigste Aufgabe sein wird, den stellvertretenden Geschäftsführer Herrn Winter für das Projekt zu gewinnen. Herr Winter konnte sich mit seiner Idee, das Segment „Laufräder für Kinder" auszubauen, nicht durchsetzen. Nun versucht er, dem Projekt FlexVelo Steine in den Weg zu legen.

Die Fertigungsabteilung ist wegen der zu erwartenden Mehrbelastung auch nicht von dem Projekt begeistert. Dort muss Herr Felix versuchen, durch Überzeugung und ggf. Entwicklung von Strategien zur Minderung des Mehraufwands für diese Abteilung Akzeptanz zu schaffen, um auch diesen Personenkreis für das Projekt zu gewinnen.

Alle anderen Gruppen haben nicht so viel Einfluss bzw. Interesse und können schon durch gezielte, regelmäßige Informationen über das Projekt positiv gestimmt bzw. ihre positive Meinung weiter unterstützt werden.

Das Vorgehen bei den als kritisch identifizierten Stakeholdern bespricht Herr Felix mit der Geschäftsführerin Frau Sommer.

Unter www.pm-haus.de/downloads/stakeholderliste.doc kann eine Stakeholder-Liste herunterladen und als Vorlage verwendet werden.

DOWNLOAD
STAKEHOLDERLISTE

Mit der Entwicklung des Stakeholder-Portfolios entsteht ein Bild darüber, wo Widerstand, aber auch Unterstützung zu erwarten ist und welches Ausmaß diese haben werden. Auf dieser Basis können differenzierte Strategien abgeleitet werden, um die Chancen durch die jeweiligen Unterstützer optimal zu nutzen und die Risiken durch Projektgegner zu minimieren. Welche Maßnahmen im Einzelnen sinnvoll sein können, zeigt der nächste Abschnitt.

KONTINUIERLICHE DURCHFÜHRUNG

Ein wichtiger Erfolgsfaktor guten und wirksamen Stakeholder-Managements ist die kontinuierliche Durchführung. Auch wenn die initiale Stakeholder-Analyse bereits wichtige Erkenntnisse liefert, ist dieser Prozess regelmäßig zu durchlaufen, um Veränderungen rechtzeitig zu erkennen. In der Praxis zeigen sich hier oft Defizite. Selbstverständlich muss der Aufwand im Verhältnis zur Größe und der Kritikalität des Projekts stehen. Ein kleines Projekt sollte den Prozess der Stakeholder-Analyse nicht zu formal und mit zu großem Aufwand betreiben.

6.1.4 Welche Ansatzpunkte bestehen für das OCM?

Durch die Stakeholder-Analyse besteht ein gutes Verständnis, wer wie zum Projekt steht und welche Einflüsse zu erwarten sind. Dieser Abschnitt veranschaulicht, welche Möglichkeiten bestehen, um kritische Gruppen einzubinden und vor allem unnötige Widerstände durch fehlende Kommunikation u. Ä. von vornherein zu vermeiden.

Bei der Entwicklung einer Change-Strategie ist es hilfreich, zwischen Wissens- und Willensbarrieren zu unterscheiden (Abbildung 28). Je nach Art der Barriere sind unterschiedliche Maßnahmen erforderlich.

Organizational Change Management/Stakeholder-Management

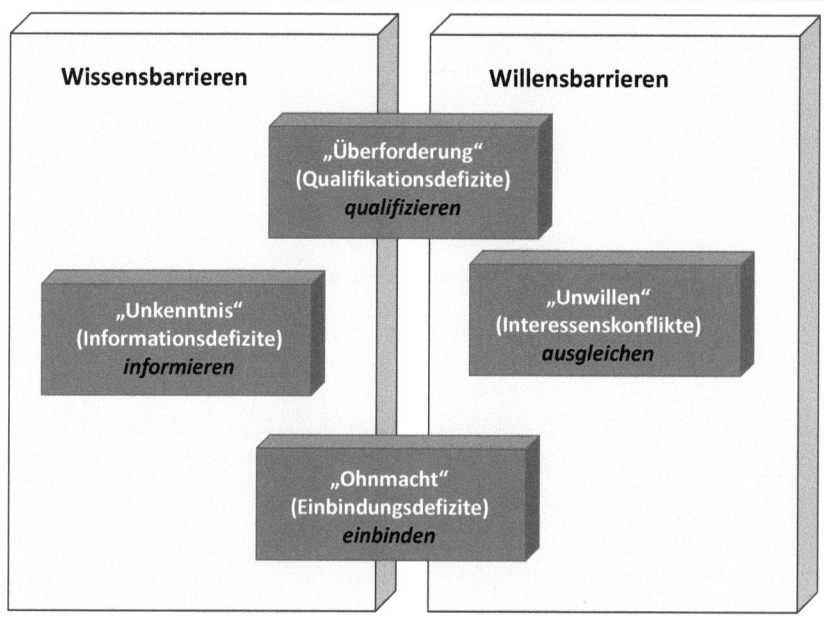

Abbildung 28: Was muss das Veränderungsmanagement leisten?

Unkenntnis ist oft die Ursache unbegründeter Ängste. Solche Wissenslücken können verschiedene Ursachen haben, etwa den Wunsch, Dinge vertraulich zu behandeln, z. B. weil es sich um wettbewerbsrelevante Geheimnisse handelt oder Widerstand bzw. Unwillen befürchtet wird. Das Veränderungsmanagement hat die Aufgabe zu prüfen, welche Inhalte wirklich vertraulich behandelt werden müssen bzw. wann und wie derartige Informationen bekannt gemacht werden. UNKENNTNIS

Zumeist müssen ungewollte Informationsdefizite durch Information und Schulung der Betroffenen geschlossen werden. Es fehlen Anreize bzw. die fachliche Kompetenz oder das Dringlichkeitsgefühl für die Weitergabe von Wissen an die Stakeholder. Zielgruppengerechtes Informieren und Transportieren von Wissen in geeigneter Form stehen in diesem Fall im Vordergrund.

Des Weiteren fühlen sich Mitarbeiter oft mit dem Umgang von anstehenden Veränderungen überfordert. Überforderung kann Ängste auslösen. Hier muss das Veränderungsmanagement nach Wegen suchen, die Mitarbeiter zu fördern und in die Lage zu versetzen, den Wandel in ihrem eigenen Sinne und im Sinne der Organisation zu meistern. Mit gezielten Qualifizierungsprogrammen ÜBERFORDERUNG

(z. B. Schulungen) können Defizite in der Fach-, Methoden- und Sozialkompetenz der Mitarbeiter reduziert werden.

OHNMACHT　In vielen Fällen führt ein Ohnmachtsgefühl gegenüber anstehenden Veränderungen zu Widerständen. Hier gilt es, die Betroffenen zu Beteiligten zu machen! Die Mitarbeiter sollten in den Veränderungsprozess aktiv einbezogen werden. Dadurch wird das Gefühl der Machtlosigkeit abgebaut und die Personen fühlen sich der neuen Situation eher gewachsen. Allerdings sollten auch die Grenzen der Einflussnahme transparent gemacht werden, um eine Gefühl der „Pseudopartizipation" zu vermeiden.

UNWILLE　Willensbarrieren entstehen, wenn die eigenen Ziele, Wünsche und Präferenzstrukturen nicht mit dem Wandel konform sind. Unwille führt zu Interessenskonflikten. Diese gilt es im Rahmen des Veränderungsmanagements auszugleichen, sodass die anstehenden Veränderungen von den Mitarbeitern akzeptiert werden und sie die notwendigen Aktivitäten unterstützen. Hier kann bspw. die Entwicklung von Alternativen oder Ausgleichen (Entschädigungen, andere Vorteile bis hin zur Abfindung bei Freisetzungen) den Unwillen mindern. In dieser Konstellation ist es besonders wichtig, sich in die jeweiligen Stakeholder hineinzuversetzen und ihre Interessenslagen zu verstehen, um einen geeigneten Kompromiss auch im Sinne der Stakeholder zu entwickeln.

Für ein erfolgreiches OCM ist eine intensive Kommunikation bedeutsam, denn *Organizational Change Management* bedeutet vor allem kommunizieren, kommunizieren, kommunizieren!

Der ständige Kontakt zu den Mitarbeitern und Betroffenen (Stakeholdern) ist für den Erfolg des OCM essenziel. Nur so lassen sich die Interessenlagen der Stakeholder verstehen und strategische Veränderungen durchsetzen. Anstoß zum Umdenken bewirken z. B. Mitarbeiterbefragungen, Einzelgespräche, Informationsveranstaltungen und Schulungen. Weitere wichtige Faktoren sind das sichtbare Engagement des Topmanagements, die Einbindung Betroffener in die Projektarbeit und das frühzeitige Veranschaulichen von Erfolgen.

KOMMUNIKATIONS-　Abbildung 29 illustriert, welche Kommunikationsmittel wie viele Personen erMITTEL　reichen und welche am ehesten zu einer Verhaltensänderung führen. Aus der Darstellung wird ersichtlich, dass Kommunikation im Projekt in vielfältiger Weise stattfinden kann und ein situationsadäquater Mix gefunden werden muss – ein zumeist aufwändiger Prozess, der in der Ressourcenplanung angemessen berücksichtigt werden muss.

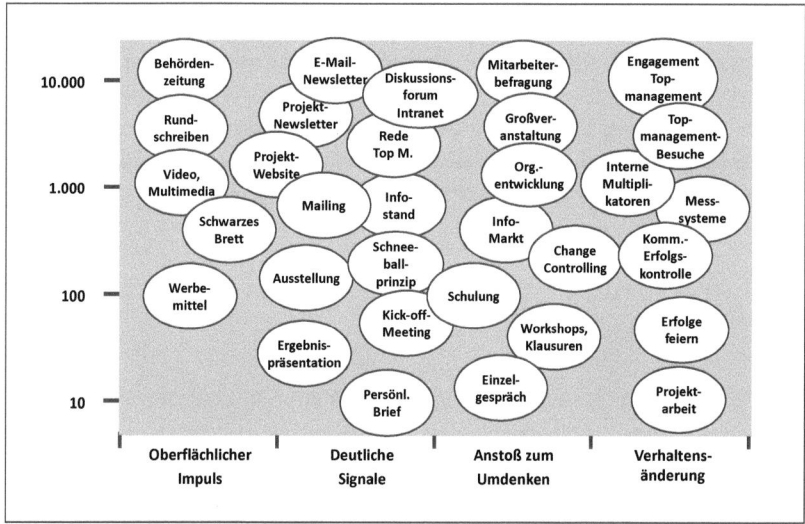

Abbildung 29: Kommunikationsmittel und ihre Wirkungen

Neben den Möglichkeiten elektronischer Kommunikation (bspw. Intranet, E-Mail, Info-Bildschirme an bestimmten Stellen u. Ä.) spielt die persönliche Kommunikation eine wichtige Rolle im *Change Management*. Diese ist oft aufwändig und z. T. auch anstrengend, sollte aber nicht vernachlässigt werden.

PERSÖNLICHE KOMMUNIKATION

Vertrauen ist das wichtigste Gut des *Organizational Change Management*. Verlorenes Vertrauen ist nur äußerst schwierig und langwierig zurückzugewinnen. Entsprechend sollten kritische Informationen wohlüberlegt und zum geeigneten Zeitpunkt erfolgen.

VERTRAUEN

Ergänzend ist sicherzustellen, dass die hohe Priorisierung der Maßnahmen des OCM auch im weiteren Projektverlauf nicht vernachlässigt wird. Empirische Studien zeigen, dass viele Projekte beim OCM ein Umsetzungs- und ein Nachhaltigkeitsproblem haben.

Das Veränderungsmanagement kann durch das Projektmarketing unterstützt werden. Auch dieses arbeitet darauf hin, das Projekt mit seinen Zielsetzungen bekannt zu machen und Akzeptanz zu schaffen. Im Gegensatz zu den differenzierten und zumeist Stakeholdergruppen-spezifischen Maßnahmen, wie sie gerade beschrieben wurden, agiert es breiter und allgemeiner in der Kommunikation.

ANGEMESSENES BUDGET FÜR OCM

Bei Projekten sollte das Change Management ausreichend berücksichtigt werden. Organizational Change Management ist aufwändig und sollte bereits in der Planung bedacht werden. 5 % des Gesamtbudgets sind ein grober Wert als Anhaltspunkt. Das richtige Maß hängt von vielen Faktoren wie Projektgröße, Brisanz des Projekts für Betroffene u. Ä. ab.

6.1.5 Wie sollten Projektinformationen und Projektmarketing ausgestaltet sein?

Das Projektmarketing sollte regelmäßig Informationen über den Projektstand für Personen auch außerhalb des Projektteams veröffentlichen und das Projekt „positiv verkaufen".

Typische projektunterstützende Marketinginstrumente sind:

- Flyer zum Projektstatus,
- Marketingmaterial und Accessoires,
- Schulungen und entsprechende Schulungszertifikate (Urkunden),
- Informationsveranstaltungen,
- Intranet-Veröffentlichungen,
- Projekt-Events (z. B. Rafting, Feste, Tontaubenschießen),
- Aktionen zum Verbessern des Arbeitsklimas (zum Essen einladen, Kekse und Obst, angenehme Arbeitsbedingungen, komfortabler Arbeitsplatz).

Wichtiger Erfolgsfaktor guten Projektmarketings ist eine einfache und verständliche Darstellung des Projektansatzes und des Projektnutzens auch bei sehr komplexen Aufgabenstellungen. Hilfreich können in diesem Zusammenhang die frühzeitige Vermittlung von Erfolgsstorys und die möglichst plakative Beschreibung der Projektvorteile sein.

Die Maßnahmen und die Ausgestaltung des OCM sollten von fünf Erfolgsfaktoren für das Veränderungsmanagement geprägt sein:

- Es muss eine offene und klare Kommunikation innerhalb des Projekts und gegenüber den Mitarbeitern anderer Projekte stattfinden.
- Eine realistische und klare Vision (Zielsetzung) sollte existieren. Relevanz und Dringlichkeit müssen unmissverständlich kommuniziert werden.
- Stakeholder-Management gilt es effektiv zu gestalten, d. h., die wichtigsten Stakeholder sind zu identifizieren und regelmäßig zu informieren.
- Es gibt ein konsequentes Monitoring und Controlling des Veränderungsprozesses.
- Die Mitarbeiter spüren das Commitment (die Selbstverpflichtung) und die Glaubwürdigkeit des Managements.

Herr Felix hat sich verschiedene Marketinginstrumente überlegt, die er für sein Projekt FlexVelo nutzen will. So informiert er alle vier Wochen auf einer Informationsveranstaltung persönlich über das Projekt. Daran können alle interessierten Mitarbeiter bzw. Stakeholder teilnehmen und Fragen stellen, die dann entsprechend beantwortet werden. Diese Veranstaltung ist freitags von 11:30 bis 12:30 Uhr geplant.
Häufig gestellte Fragen sind in der Rubrik „Q&A" („Fragen und Antworten") im Projekt-Wiki nachzulesen. Herr Felix hat auch eine projektübergreifende E-Mail-Adresse für weitere Fragen und allgemeine Anliegen eingerichtet.
Die Fragen und auch die Aufrufzahlen der verschiedenen Seiten im Projektwiki werden regelmäßig ausgewertet und liefern so wichtige Eindrücke zur allgemeinen Stimmung im Projekt und zu den Fragen der Stakeholdergruppen.

Durchführen – die operative Projektarbeit

KERNAUSSAGEN
UND HANDLUNGS-
EMPFEHLUNGEN

- Alle Stakeholder sollten bekannt sein und „verstanden werden".
- Die Auseinandersetzung mit den Ansprüchen der unterschiedlichsten Stakeholdergruppen ist ein Muss für die erfolgreiche Abwicklung eines Projekts.
- Wichtige Grundsätze des *Organizational Change Management*:
    o Wer etwas kennt und versteht, hat weniger Angst.
    o Wer vom Betroffenen zum Beteiligten wird, akzeptiert Veränderungen leichter.
- Persönliche Kommunikation spielt eine zentrale Rolle im *Change Management* – kommunizieren, kommunizieren, kommunizieren!
- Das Projektmarketing kann den Change-Prozess unterstützen.

6.2 Teammotivation

Herr Felix macht sich Gedanken, wie er sein Team motivieren kann. Sind finanzielle Anreize der richtige Weg? Oder sollte er die Mitarbeiter besser durch die Herausforderung, Neues zu schaffen, motivieren?

Antworten in diesem Kapitel:

- Worin besteht der Unterschied zwischen extrinsischer und intrinsischer Motivation?
- Wie kann Führung zur Motivation beitragen?
- Exkurs: Beispiele für eine erfolgreiche Motivation.

ANTWORTEN IN DIESEM KAPITEL

Einen entscheidenden Einfluss auf den Erfolg eines Projekts hat die Motivation. Bereits Antoine de Saint-Exupéry erkannte dies in seinem bekannten Zitat: „Wenn du ein Schiff bauen willst, so trommle nicht Männer zusammen, um Holz zu beschaffen, Werkzeuge vorzubereiten, Aufgaben zu vergeben und die Arbeit einzuteilen, sondern lehre die Männer die Sehnsucht nach dem weiten endlosen Meer." Motivierte Projektteammitarbeiter sind ein wichtiger Schlüssel des Projekterfolgs. Sie bewältigen nicht nur die definierten Aufgaben, sondern können auch angesichts unerwarteter Herausforderungen und evtl. Unstimmigkeiten in der Planung die zugrunde liegende Zielsetzung erfolgreich realisieren. Ein motiviertes Team, das Konflikte und Herausforderungen offen und konstruktiv angeht, wird so zum entscheidenden Faktor für den Projekterfolg auch in schwierigen Situationen. Andererseits gefährdet fehlende Motivation auch bei eigentlich sicher zu lösenden Aufgaben den erfolgreichen Abschluss.

Die Schaffung einer konstruktiven Atmosphäre im Projektteam mit hoch motivierten Teammitgliedern ist somit eine der zentralen Aufgaben des Projektmanagements.

6.2.1 Worin besteht der Unterschied zwischen extrinsischer und intrinsischer Motivation?

Motivation kann grundsätzlich von außen oder von innen heraus entstehen. Diese beiden Formen der Motivation werden als extrinsisch (von außen) oder intrinsisch (von innen) bezeichnet.

EXTRINSISCHE MOTIVATION

Hier steht der Wunsch im Vordergrund, bestimmte Leistungen zu erbringen, weil man sich davon einen handfesten Vorteil (Belohnung) bspw. durch Vorgesetzte oder bestimmte Regelungen verspricht oder konkrete Nachteile (Bestrafung) vermeiden möchte. Bei der extrinsischen Motivation werden wir von äußerem Druck geleitet. Zumindest nehmen wir es so wahr, als stamme er von Kräften, die sich außerhalb unseres Selbst befinden. So ein Druck entsteht zum Beispiel, wenn der Vorgesetzte fordert, zu einem bestimmten Zeitpunkt ein konkretes Ergebnis zu erbringen, andernfalls gebe es keine Gehaltserhöhung.

INTRINSISCHE MOTIVATION

Dieser Begriff bezeichnet das Bestreben, eine Tätigkeit um ihrer selbst willen zu tun, z. B. weil sie Spaß macht, Interessen befriedigt oder eine Herausforderung darstellt. Intrinsische Motivation entsteht nicht aus der Hoffnung auf externe Belohnungen wie Geld, sondern das Ausführen der Arbeit bewirkt eine innere Zufriedenheit.

Bei der intrinsischen Motivation lassen sich die drei Kategorien Selbstbestimmung, Perfektionierung und Sinnerfüllung unterscheiden (Abbildung 30).

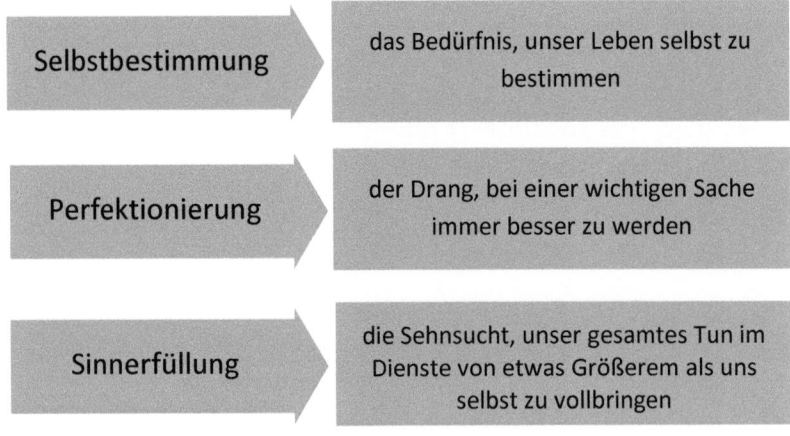

Abbildung 30: Motivationsfaktoren

Teammotivation

Vielfach stehen in der Führung im Alltag extrinsische Faktoren im Vordergrund. Geld, Prestige, Bestrafung und Belohnung sollen Mitarbeiter zu guten Leistungen anspornen. Auch im Projektmanagement finden solche Wenn-dann-Belohnungen vielfach Anwendung.

EXTRINSISCHE FAKTOREN

Studien zeigen, dass dieses Belohnungs- und Bestrafungssystem in spezifischen Konstellationen gut funktionieren kann, bspw. wenn es um regelgebundene, einfache Routinearbeiten geht. Es funktioniert aber nicht bei kreativen Tätigkeiten.

Belohnungen können unser Denken begrenzen, besonders die greifbaren Wenn-dann-Anreize extrinsischer Motivatoren. Sie lenken die Aufmerksamkeit auf jene Arbeiten, die klar zu definieren sind und direkt belohnt werden. Hingegen verstellen extrinsische Anreize manchmal den Blick für jene Arbeiten, die sich nicht klar benennen lassen. Infolge dessen werden kreative Lösungsansätze für Probleme im Projekt nicht mehr gesehen und es fehlt das Interesse an Herausforderungen, da die extrinsische Belohnung das Denken dominiert.

„WENN-DANN"- ANREIZE

Finanzielle Anreize zeigen i. d. R. nur für kurze Zeit motivierende Wirkung. Das Mehr an Geld wird schnell als selbstverständlich empfunden und der Auslöser für die Erhöhung gerät schnell in Vergessenheit. Danach ist die Erwartungsbasis für weitere Anreize erhöht, die motivierende Wirkung aber verblasst. Bei komplexen Aufgaben kann übermäßiger finanzieller Anreiz sogar leistungsmindernd wirken. Entsprechend sollte das Projektmanagement finanzielle Themen besser nicht in den Vordergrund stellen und bspw. variable Prämien im Rahmen halten. Sicher sollte die Projektmitarbeit auch in finanzieller Hinsicht angemessen gewürdigt werden. Finanzielle Fragen sollten für alle zufriedenstellend geregelt sein, aber nicht die Aufmerksamkeit des Teams binden.

FINANZIELLE ANREIZE

Stattdessen sollten die drei Faktoren intrinsischer Motivation im Vordergrund stehen – Selbstbestimmung, Perfektionierung und Sinnerfüllung.

Eine innovative und komplexe Aufgabe, wie sie für Projekte typisch ist, bringt nicht nur neue und abwechslungsreiche Tätigkeiten mit sich, sondern stellt auch an Können und Kreativität jedes Einzelnen besondere Anforderungen. Hier ergeben sich viele Ansatzpunkte für eine intrinsische Motivation der Projektteammitglieder. Aufgabe der Projektleitung ist es, Motivationsstrukturen

ANREIZE SCHAFFEN

der Mitarbeiter und Teams zu verstehen und entsprechende Anreize zu schaffen. So kann der Wunsch nach Selbstbestimmung in Form selbstbestimmter Teams und einer Kultur der Führung nach Zielen berücksichtigt werden. Zu detaillierte Vorgaben („Mikromanagement") sollten vermieden und deren kreativitäts- und motivationshemmende Wirkungen verstanden werden.

Die Wünsche nach Sinnerfüllung und Perfektionierung können durch Veranschaulichung der Relevanz des Ergebnisses, Würdigung der Ergebnisse, ausreichende Freiheitsgrade in der Umsetzung und schließlich Vertrauen in angemessener Weise berücksichtigt werden.

SINKENDE MOTIVATION
Die Motivation der Teammitglieder kann über den Projektverlauf schwanken, eine eingangs gute Motivation im Verlauf des Projekts also auch sinken. Gründe für sinkende Motivation können bspw. sein:

- zu geringes Feedback durch das Projektmanagement bzw. den Projektleiter,
- die Frage, ob ein Projekt unter gegebenen Umständen noch Sinn ergibt,
- fehlender Teamgeist, zu viele Konflikte innerhalb des Teams,
- keine oder wenig Anerkennung vom Auftraggeber oder Kunden,
- Anforderungen werden als zu hoch oder zu gering empfunden,
- Handlungsspielraum nicht angemessen; die Vorgaben sind zu eng, um die Aufgaben kreativ und selbstbestimmt zu erledigen,
- zu hoher Termindruck,
- zu viele Verpflichtungen in zusätzlichen Projekten oder in der Fachabteilung.

Die Aufgabe des Projektmanagements besteht darin, die Motivation der Mitarbeiter im Blick zu behalten und entsprechend frühzeitig auf einen Rückgang zu reagieren.

Herrn Felix fällt auf, dass Frau Rupp aus Teilprojekt 3 „Reifen" unmotiviert wirkt und die Qualität ihrer Arbeit nachgelassen hat. Er sucht das direkte Gespräch mit ihr und findet heraus, dass sie sich nicht richtig ins Projekt integriert fühlt und sie Feedback für ihre Arbeit vermisst. Bei der Analyse stellt er weiter fest, dass dies mehrere Gründe hat.
So ist Frau Rupp erst später ins Projekt gekommen. Zu diesem Zeitpunkt war das erste Teambuilding (vgl. Kapitel „Projektteam", Seite 69) bereits abgeschlossen. Sie bearbeitet das Thema „Reifen" alleine, da hier hauptsächlich mit einer externen Firma kooperiert wird. Außerdem sitzt sie alleine in ihrem Büro und bekommt von den übrigen Geschehnissen im Projekt nicht viel mit. Auch ist sie mit dieser Aufgabe nicht ausreichend gefordert.
Herr Felix bietet ihr an, dass Team 1 „Rahmen" und sie als Team 3 „Reifen" zusammengelegt werden. Frau Rupp soll im Team 1 die Entwicklung der Pedale unterstützen. Zudem wird Herr Felix fortan großen Wert darauf legen, dass Frau Rupp regelmäßig Rückmeldungen und auch Wertschätzung für ihre Arbeit erfährt. Frau Rupp ist damit einverstanden und Herr Felix hat ein gutes Gefühl, dass diese Maßnahmen ihre Motivation steigern werden.

6.2.2 Wie kann Führung zur Motivation beitragen?

Motivation durch Führung kann erreicht werden, indem der Projektleiter ein „Radar" für die aktuelle Stimmung entwickelt. Der Nutzen des Projekts sollte vor allen Mitarbeitern herausgestellt und die Relevanz der Beiträge aller Teammitglieder deutlich werden. Das Ziel muss sein, dass jeder im Projekt Anerkennung erhält. Jeder Einzelne muss das Gefühl haben, dass seine Aufgabe wichtig ist und ohne ihn das Gesamtprojekt nicht zum Erfolg kommen kann. *ANERKENNUNG*

Zur Veranschaulichung kann hier beispielhaft die Begegnung des US-Präsidenten John F. Kennedy mit einer Reinigungskraft bei einem Besuch der NASA herangezogen werden. Auf die Frage des Präsidenten, was ihre Aufgabe sei, antwortete sie, sie helfe dabei, Menschen auf den Mond zu bringen. Hier ist es augenscheinlich gelungen, dass eine Mitarbeiterin den Beitrag ihrer Arbeit versteht und daraus entsprechende Motivation zieht. *BEISPIEL FÜR MOTIVATION*

Die Teammitglieder sollten durch die Projektleitung immer über den aktuellen Stand informiert sein, denn „Informiertsein" trägt zur Motivation der Projektmitarbeiter bei. An dieser Stelle wird erneut deutlich, wie entscheidend Kommunikation im Projekt ist (vgl. Kapitel „Kommunikation", Seite 107). *„INFORMIERTSEIN"*

Durchführen – die operative Projektarbeit

ERFOLGE ALS GREIFBAR DARSTELLEN

Zudem ist es motivierend, wenn der Projektleiter Erfolge als greifbar darstellt und die Machbarkeit demonstriert. Auch sollten Projektergebnisse so strukturiert sein, dass Erfolge nach kurzer Zeit realisiert und erlebt werden können. Dadurch wird das Durchhaltevermögen der Teammitglieder gestärkt.

Wie bereits erläutert setzt sich ein Projektteam aus diversen Persönlichkeitstypen in unterschiedlichen Rollen wie „Perfektionisten", „Macher" u. a. zusammen. Dies muss auch bei den Motivationsmaßnahmen individuell berücksichtigt werden. Auch sollten soziale Aktivitäten außerhalb der Projektarbeit ausreichenden Raum finden, um den Teamzusammenhalt und die Qualität der Zusammenarbeit zu verbessern. Gute Projektleiter betreiben systematisches Teambuilding (vgl. Kapitel „Projektteam", Seite 69).

> Herr Felix überlegt, wie er den Teamgeist aufrechterhalten kann. Die positive Wirkung der Teambuilding-Maßnahme, die er vor Beginn des Projekts durchgeführt hat, ist ihm noch gut in Erinnerung. Damals wurde eine Orientierungswanderung durchgeführt. Allein auf sich gestellt, nur mit Landkarte ausgerüstet, musste das Team seinen Weg suchen. Über Stock und Stein ging es querfeldein durchs Gelände. Das Team hatte das Ziel immer vor Augen und stellte sich allen Herausforderungen. Und davon gab es unterwegs eine ganze Menge: So wurden wichtige Informationen aus einem See geborgen, schwierige Kletterübungen gemeistert und eine Schlucht auf einer Seilbrücke überquert. Hier waren Mut, Ausdauer, Pfadfinderqualitäten und Teamgeist gefragt. Dabei ist allen klargeworden: Nur Teamwork führt zum Ziel!
> Er tauscht sich mit Frau Sommer, der Geschäftsführerin, aus, ob es nicht sinnvoll wäre, während des Projekts noch weitere Teamevents durchzuführen. Es gibt ja noch viele weitere Möglichkeiten wie Paddeln, Ballspiele, Golfen etc.

COACH – NICHT SPIELMACHER

Die Rolle des Projektleiters ist weniger als Spielmacher im Projektteam zu verstehen, sondern als Coach der Mannschaft! Dies ist die beste Basis, damit sich die persönlichen Potenziale der Projektteammitglieder entfalten können. Auch erlaubt dies eine gleichmäßigere Verteilung von Belastungen und steigert die Motivation im Team.

6.2.3 Exkurs: Beispiele für eine erfolgreiche Motivation

Welches Potenzial intrinsische Motivation hat, verdeutlichen folgende Beispiele.

Wikipedia ist ein freies Onlinelexikon, dessen Autoren meist im Beruf oder im Studium stehen. Sie arbeiten fast ausschließlich in ihrer Freizeit und ohne Bezahlung an der Enzyklopädie. Ihre Motivationsfaktoren wurden in verschiedenen Studien untersucht. So treiben die Autoren folgende Bedürfnisse an: WIKIPEDIA

- das Interesse, die Qualität von Wikipedia zu verbessern,
- die Überzeugung, dass Informationen frei sein sollten,
- das Perfektionieren eigener Artikel und die Freude am Schreiben,
- der Wunsch, das eigene Wissen durch das Engagement für die Online-Enzyklopädie zu erweitern,
- die Mitarbeit an einem „historischen" Projekt, das langfristig Bestand hat,
- die Möglichkeit, Wissen weiterzugeben.

Linux ist ein Computer-Betriebssystem und eine Plattform für eine Vielzahl von Anwendungen, deren Nutzung kostenlos ist. Der Fokus liegt traditionell auf Stabilität, Sicherheit und Flexibilität der Anwendung.   OPEN-SOURCE-SOFTWARE: LINUX

In der heterogenen Entwicklergemeinde von Linux sind die Mitarbeiter von dem Wunsch motiviert, die eigenen Fähigkeiten auszubauen und die persönlichen Herausforderungen der Softwareentwicklung zu meistern – einschließlich für den eigenen Bedarf. Auch die Möglichkeit zur Selbstbestimmung hat eine motivierende Wirkung. Zudem spielen statusorientierte Komponenten wie der Wettbewerb mit anderen Entwicklern oder das Interesse, eine Reputation für das berufliche Fortkommen aufzubauen, tragende Rollen (Perfektionierung).

Soziale Motive ergeben sich aus der Herausforderung, in virtuellen Teams mit Entwicklern aus anderen Orten und Zeitzonen zusammenzuarbeiten. Dabei motiviert das Gefühl, die eigenen Beiträge seien unentbehrlich für die Arbeit des Teams oder für das ganze Projekt (Sinnerfüllung). Die Open-Source-Software-Entwickler haben ein beträchtliches Verantwortungsgefühl gegenüber ihrer Projektarbeit.

Durch die engagierte Mitarbeit so vieler verschiedener Menschen werden bei Open-Source-Software Programmierfehler schneller entdeckt und beseitigt als bei proprietärer Software. Deshalb bestehen hier bessere Chancen auf eine hohe Qualität und Stabilität der Programme.

POTENZIALE INTRINSISCHER MOTIVATION

Beispiele wie Wikipedia oder Linux zeigen, welche Motivation auch ohne umfassende finanzielle Anreize in Menschen verborgen sein kann. Auch wenn die angemessene Berücksichtigung finanzieller Bedürfnisse sicher ein relevanter Aspekt ist, zeigt die Erfahrung, dass dieser Faktor oft überschätzt wird. Umso mehr gilt es, als Projektleitung die ausreichende Würdigung und Nutzung der Potenziale intrinsischer Motivation immer wieder sicherzustellen. Vermeintlich einfache Maßnahmen wie etwa die Anerkennung der Arbeitsleistungen oder die Strukturierung der Arbeit in sinnstiftende Einheiten sind nicht mit Kosten verbunden und haben große Wirkungen für Motivation und Ergebnisqualität.

TEAMKLIMA ABFRAGEN

Voraussetzung für gezielte Maßnahmen zur Verbesserung des Teamklimas ist dessen aktuelles Verständnis. Hier kann ein „Team-Klima-Barometer" helfen. Wöchentlich oder monatlich kleben die Teammitglieder Punkte auf ein Flipchart und signalisieren so, ob die Stimmung sehr gut, gut, schlecht oder sehr schlecht ist. Mit der Positionierung des Team-Klima-Barometers an einer abgelegenen Stelle wird sichergestellt, dass die „Stimme" verdeckt und damit ehrlich abgegeben werden kann.

KERNAUSSAGEN UND HANDLUNGSEMPFEHLUNGEN

- Unternehmen, die Selbstbestimmung zulassen, sind weitaus erfolgreicher als Unternehmen, die dies nicht tun.
- Projektleiter und andere Führungskräfte können durch ihren Führungsstil entscheidend zur Motivation der Teammitglieder beitragen.
- Finanzielle Anreize haben bei kreativer Arbeit nur eine zeitlich begrenzte Wirkung und können sogar kontraproduktiv wirken.
- Projektleiter müssen ein „Radar" für die aktuelle Stimmung im Team entwickeln und Teammitglieder ausreichend darüber informieren, wie das Projekt insgesamt läuft.

6.3 Kommunikation

Herr Felix überlegt, wie es ihm gelingen kann, dass sein Team gut zusammenarbeitet. Ihm ist bewusst, dass die teaminterne Kommunikation dabei eine wesentliche Rolle spielt. Wie kann er erreichen, dass das Gesagte so verstanden wird, wie es gemeint ist? Welche Kommunikationsmittel soll er wie und wann am besten einsetzen? Wie kann er als Projektleiter für eine effektive Kommunikation sorgen und welche Meeting-Struktur ist förderlich? Welches Medium eignet sich am besten für welche Inhalte?

- Was ist bei der Kommunikation in der Projektarbeit besonders wichtig?
- Wie und wann kommuniziert wer mit wem?
- Wie hängen Meeting-Struktur und Kommunikation zusammen?

ANTWORTEN IN DIESEM KAPITEL

6.3.1 Was ist bei der Kommunikation in der Projektarbeit besonders wichtig?

Allgemein wird unter Kommunikation der Prozess der Informationsübertragung verstanden. Die Kommunikationsforschung analysiert die Kommunikation als Informationsübertragung zwischen Menschen, als Weitergabe einer Mitteilung. Im Regelfall rechnet man mit einem Antwortverhalten des anderen.

KOMMUNIKATION

Im folgenden Zitat wird die Problematik der Kommunikation deutlich: „Gedacht ist nicht gesagt, gesagt ist nicht gehört, gehört ist nicht verstanden, verstanden ist nicht einverstanden, einverstanden ist nicht angewandt, und angewandt ist nicht beibehalten."

Für Projekte ist Kommunikation ein entscheidender Erfolgsfaktor. Je nach Umgangston im Projekt können Gespräche zu positiven Effekten führen oder das Gegenteil bewirken.

In der Kommunikation sind diverse Parameter wirksam (Abbildung 31).

Durchführen – die operative Projektarbeit

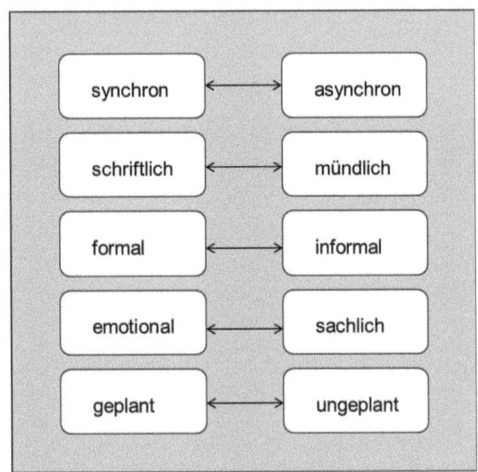

Abbildung 31: Parameter der Kommunikation

SYNCHRON – ASYNCHRON
Kommunikation kann *synchron* oder *asynchron* ablaufen. Synchrone Kommunikation bedeutet, dass sich die Kommunikationspartner zur gleichen Zeit in die Gesprächssituation begeben und somit direkt auf die Beiträge des anderen reagieren können. Ein Beispiel ist das persönliche (mündliche) Gespräch, aber auch der Chat (*to chat* = plaudern, sich unterhalten), also die (elektronische) Kommunikation in Echtzeit. Beispiele für asynchrone Kommunikationswege sind E-Mails, SMS, Newsletter, Mailing-Listen sowie Einträge in Diskussionsforen bzw. Newsgroups.

MÜNDLICHE KOMMUNIKATION
Mündliche Kommunikation kann in *spontane* und *geplante* Gespräche differenziert werden. Zur *formalen, geplanten mündlichen* Kommunikation zählen in Projekten Meetings und Workshops. Für diese Besprechungen ist eine gute Vorbereitung das A und O. Auch die Durchführung sollte strukturiert und zielorientiert erfolgen. Dabei muss der Projektleiter die Zeit aller Beteiligten bedenken, denn schnell wird wertvolle Arbeitszeit verschwendet, vor allem wenn zu viele Personen am Meeting teilnehmen. Daher ist präzise zu prüfen, welche Inhalte für wen relevant sind und welche Form des Austauschs zielführend ist. Manchmal ist die Informationsvermittlung per E-Mail effektiver. Wiederum eignet sich ein Meeting zur Entwicklung kreativer Inhalte, bspw. durch gemeinsames Brainstorming.

AD-HOC-GESPRÄCHE
Informale, ungeplante Kommunikation findet zwischen den Projektmitgliedern in Form von Ad-hoc-Gesprächen statt. Diese können sehr wertvoll sein, denn

oft lösen sich Probleme durch solche Gespräche schnell und unkompliziert. Zudem werden sie in informellen Gesprächen eher angesprochen.

Ob eine Unterhaltung auf der *emotionalen* oder *sachlichen* Ebene abläuft, ist für die Lösung eines Konflikts entscheidend. Häufig wird dem anderen vorgeworfen, er solle nicht so emotional sprechen, sondern sachlich bleiben. Im Verlauf von Gesprächen passiert es immer wieder, dass die Gesprächspartner die sachliche Ebene verlassen und emotional reagieren. In der Regel geschieht das, wenn sie der sachlichen Argumentation des Gegenspielers keine Sachargumente mehr entgegenzusetzen haben, ihren Standpunkt aber weiterhin verteidigen wollen. Durch eine unsachliche Argumentation wird verhindert, dass eine erfolgreiche und sinnvolle Lösung zustande kommt. Verlassen die Involvierten die sachliche Ebene, gestaltet sich die Kommunikation schwierig und der Konflikt verschärft sich (vgl. Kapitel „Konfliktmanagement", Seite 114). Die Trennung von Person und Sache sollte stets bestehen bleiben, wenngleich emotionale Probleme gelegentlich adressiert werden müssen.

EMOTIONAL – SACHLICH

In jeder Gruppe finden sich Personen mit unterschiedlich ausgeprägtem Selbstbewusstsein und Geltungsbedürfnis. Jeder Personentyp kann in Gesprächen und Meetings wichtige Beiträge leisten. Dabei ist es manchmal hilfreich, dafür zu sorgen, dass die leiseren und unsicheren Stimmen nicht untergehen. Eine mögliche praktische Ausprägung ist die Regel: „Benjamin spricht zuerst." Das jüngste, unsicherste, am wenigsten erfahrene Mitglied des Teams wird explizit ermutigt, seine Sicht auf die Dinge zuerst dazustellen. So wird sichergestellt, dass ein Beitrag nicht überhört wird oder gar verändert und/oder zurückgezogen wird, um den erfahreneren Stimmen nicht widersprechen zu müssen.

BENJAMIN SPRICHT ZUERST

6.3.2 Wie und wann kommuniziert wer mit wem?

Sicherzustellen ist, dass alle Projektmitarbeiter die Informationen, die sie brauchen, zum richtigen Zeitpunkt erhalten. Nur welche Informationen werden an wen weitergegeben und welches Medium ist zu wählen? Als Entscheidungshilfe bietet sich das Media-Richness-Modell (Medienreichhaltigkeitstheorie) an (Abbildung 32). Das nachfolgend abgebildete Kommunikationsmodell zeigt, dass die Medien abhängig von der Komplexität der Kommunikationsaufgabe zu wählen sind. In diesem Modell reicht das Spektrum von der Face-to-Face-Kommunikation bis zur schriftlichen Dokumentation.

MEDIA-RICHNESS-MODELL

Durchführen – die operative Projektarbeit

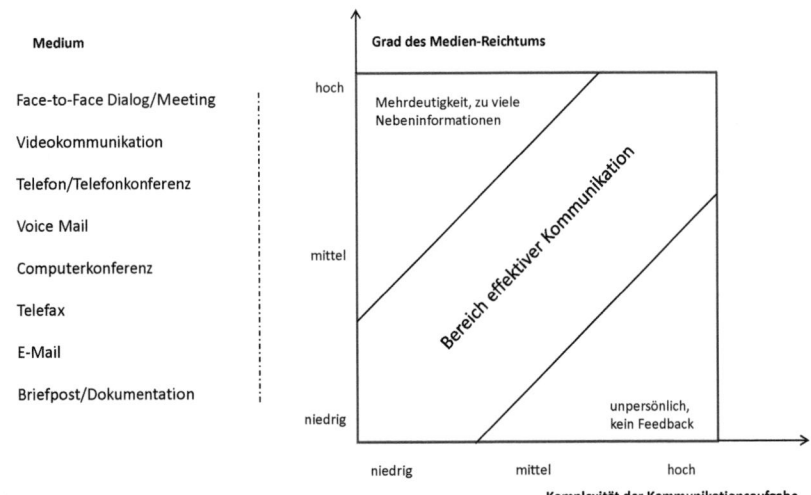

Abbildung 32: Media-Richness-Modell nach Rice

FACE-TO-FACE-KOMMUNIKATION
Face-to-Face-Kommunikation gilt als intensivste Art der Kommunikation, da sie das Zusammenspiel von Wort, Bild, Gestik, Mimik, sozialem Kontakt sowie die Gelegenheit eines unmittelbaren Feedbacks darstellt. Deshalb eignet sie sich besonders für Kommunikationsaufgaben mit ausgeprägter Komplexität.

BEREICH EFFEKTIVER KOMMUNIKATION
In der obigen Abbildung fällt auf, dass sich „reiche" Medien nicht automatisch besser und „arme" Medien nicht zwangsläufig schlechter zur Bewältigung von Kommunikationsaufgaben eignen. Stattdessen existiert ein Korridor, in dem je nach Komplexität der Aufgabe ein Spektrum von Kommunikationsformen effizient erscheint.

Zuletzt haben sich viele neue Möglichkeiten der Kommunikation entwickelt:

WIKIS
Wikis sind Hypertext-Systeme für Websites, die es den Projektmitgliedern ermöglichen, Inhalte nicht nur zu lesen, sondern auch direkt online im Webbrowser zu ändern und gemeinsam zu nutzen sowie zu bearbeiten.

Ein sog. Blog kann genutzt werden, um z. B. ein Projekttagebuch zu führen. Dort werden dann chronologisch die wichtigsten Ereignisse und Ergebnisse – bspw. durch den Projektleiter – notiert. — BLOG

Auch Online-Konferenzen können durchgeführt werden. Sprach- und Videokommunikation ermöglichen die Präsentation von Dateien und das Teilen von Inhalten (z. B. mit Web-Ex). — ONLINE-KONFERENZEN

Des Weiteren bieten soziale Netzwerke wichtige Möglichkeiten für die Projektarbeit. So ist XING ein soziales Netzwerk für Beruf, Geschäft und Karriere. Dort ist es möglich, alte und neue Kontakte zu pflegen, Jobs zu finden, Mitarbeiter mit spezifischen Qualifikationen zu entdecken oder sich über Events und Unternehmen zu informieren. — SOZIALE NEZTWERKE

Eine weitere Kommunikationsform ist das *Crowdsourcing* (der Begriff setzt sich aus *Crowd* und *Outsourcing* zusammen). Beim Crowdsourcing werden vorher intern bearbeitete Fragestellungen an eine Vielzahl von Onlinenutzern gestellt. Zum Beispiel werden manche Fragen in allgemein zugänglichen Blogs veröffentlicht und interessierte User können im Blog einen Kommentar hinterlassen, in dem sie eine Antwort bzw. ein Statement zur Frage abgeben. — CROWDSOURCING

> Durch das als Blog geführte Projekttagebuch informiert Herr Felix über den aktuellen Projektstand. Auf diese Weise können auch Personen, die nicht ins Tagesgeschäft involviert sind, z. B. die Geschäftsführerin, stets auf dem Laufenden bleiben.
> Da das Projekt an einem einzigen Ort durchgeführt wird, gestaltet sich die Kommunikation verhältnismäßig einfach. Zufrieden beobachtet Herr Felix den regen informalen Austausch der Projektmitarbeiter. Seiner Meinung nach haben sich die Einrichtung kleiner Besprechungsecken und die Anschaffung von Stehtischen, Whiteboards, Info-Screens und Schwarzem Brett gelohnt.

Bei der Kommunikation ist der richtige Mix der Kommunikationsmedien entscheidend. Ein Projektleiter sollte ein Gefühl dafür entwickeln, wann welche Form der Kommunikation in einem bestimmten Team am besten funktioniert. Häufig ist mehr sprechen und weniger schreiben der bessere Weg. Hingegen sollten zentrale Informationen stets schriftlich festgehalten werden, wobei eine kurze Form in vielen Fällen fruchtbarer ist. — DER RICHTIGE MIX DER KOMMUNIKATIONSMEDIEN

6.3.3 Wie hängen Meeting-Struktur und Kommunikation zusammen?

GREMIEN
Wie bereits im Kapitel „Projektaufbauorganisation" auf Seite 60 erwähnt sind verschiedene Gremien für ein Projekt erforderlich, die das Topmanagement zuvor festgelegt hat. Gremien nehmen Entscheidungs-, Informations-, Beratungs- und Ausführungsaufgaben wahr. Um diese Aufgaben auszuführen, bedarf es einer zielorientierten Kommunikation.

MEETINGS
Meetings sind hier eine häufig gewählte Form, da unmittelbares Feedback von den anderen Gremienmitgliedern zu erwarten ist. Zentrale Informationen bzw. Ergebnisse sollten dennoch in Protokollen festgehalten werden. Dabei ist darauf zu achten, dass sie kurz, präzise und handlungsrelevant gestaltet werden. Vielfach blockieren zu ausführliche gesprächsverlaufs- statt ergebnisorientierter Protokolle eine gewinnbringende Kommunikation und die schnelle Umsetzung von Beschlüssen.

ERGEBNIS-PROTOKOLLE
Ergebnisprotokolle sollten dem Verteilerkreis entsprechend schnell zur Verfügung stehen, denn ein aktueller Informationsstand ist ein wesentlicher Faktor, damit die Projektarbeit zügig und in gewünschter Weise vorangeht.

SITZEN BLEIBEN, BIS DAS PROTOKOLL VERSANDT IST
> Protokolle mit großem zeitlichen Versatz sind ein leidiges Thema. Hier hilft folgende Vorgehensweise: Der Protokollant bleibt im Anschluss an ein Meeting im Raum und schreibt das Protokoll, solange die Eindrücke noch frisch und die Ergebnisse relevant sind. Erst wenn das Protokoll versandt bzw. gepostet ist, wendet sich der Protokollant neuen Aufgaben zu. Alternativ kann das Protokoll auch per Beamer an die Wand geworfen und zeitgleich im Meeting erstellt werden. Die Teilnehmer verständigen sich so direkt auf die Ergebnisse.

TERMINE WEIT IM VORAUS PLANEN
Termine sollten nach Möglichkeit weit im Voraus geplant werden. So können sich alle Teilnehmer frühzeitig darauf einstellen. In diesem Rahmen sollte zuerst die Periodizität pro Meeting-Typ festgelegt werden (Abbildung 33), bspw. wöchentlich oder monatlich. Am besten ist es sogar, die Termine bereits beim Projektstart für die gesamte Projektdauer zu reservieren.

Kommunikation

Meeting-Typ	Zweck	Ziel	Form	Periodizität
Teilprojekt-Team-Meeting	operative Abstimmung vornehmen	Alle sind informiert und auf dem aktuellen Stand.	kann formlos erfolgen, mündliche Information und Gesprächnotiz	laufend/nach Bedarf
Gesamt-Projekt-Team-Meeting	Projektstatus feststellen	Der Projektstatus ist ermittelt und die akuten Handlungsfelder sind bekannt.	Vorgegebene Arbeitspaketformulare sind von den jeweiligen Verantwortlichen ausgefüllt und dienen als Grundlage für das Meeting.	wöchentlich/ jede zweite Woche
Lenkungs-ausschuss-Sitzung	Projektfortschritt vorstellen und ggf. Entscheidungen abfordern	Der Lenkungsausschuss ist über den aktuellen Stand des Projekts informiert und Entscheidungsvorlagen sind genehmigt oder abgelehnt.	Die Projektinformationen sind schriftlich ausgearbeitet und werden präsentiert, Entscheidungsvorlagen sind ausformuliert und liegen einzeln zur Unterschrift für die Genehmigung vor.	alle 4 bis 6 Wochen und im Bedarfsfall

Abbildung 33: Beispiel für eine Meeting-Struktur

Ein bekanntes Element der agilen Methoden („Scrum") ist der sogenannte *Daily Scrum*, kurz der Daily. Ein Daily dauert maximal 15 Minuten und bringt alle Teammitglieder auf den aktuellen Stand. Das Treffen wird im Stehen durchgeführt. Jedes Teammitglied berichtet in sehr knapper Form, was es seit dem letzten Treffen gemacht hat, welche Aktivitäten nun anstehen und welche Hindernisse gegebenenfalls die Arbeit behindern. Inzwischen haben auch viele „klassische" Projektteams dieses tägliche Treffen eingeführt und damit sehr gute Erfahrungen gemacht

DER DAILY

- Kommunikation beeinflusst maßgeblich den Erfolg von Projekten.
- Für den Erfolg der Kommunikation ist der richtige Mix aus emotional und sachlich, synchron und asynchron, geplant und ungeplant sowie mündlich und schriftlich ausschlaggebend.
- Projekt-Meetings sind wichtige Bausteine einer guten Teamkommunikation. Sie sollten geplant, moderiert und dokumentiert werden.

KERNAUSSAGEN UND HANDLUNGS-EMPFEHLUNGEN

6.4 Konfliktmanagement

> Herr Felix denkt darüber nach, wie er mit Konflikten in seinem Projekt umgehen kann. Ihm ist bewusst, dass es immer Hindernisse und Probleme geben wird. Er überlegt, wo Konflikte entstehen können, wie er sie frühzeitig erkennen kann und welche Lösungsmöglichkeiten bestehen. Auch tüftelt er an einem Konzept, wie sich Konflikte als Chance nutzen lassen.

In Projekten läuft nicht immer alles rund, es kommt öfter zu sozialen und fachlichen Differenzen. Deshalb geht es in diesem Kapitel um (zielführendes) Konfliktmanagement sowie sinnvolle Eskalation.

ANTWORTEN IN DIESEM KAPITEL

- Was ist Konfliktmanagement?
- Welche Arten von Konflikten gibt es?
- Welche Lösungsstrategien gibt es?
- Wie beeinflusst unsere Wahrnehmung Konflikte?
- Warum können Konflikte als Chance gesehen werden?
- Wie sieht ein Eskalationsprozess aus?

6.4.1 Was ist Konfliktmanagement?

CHANCEN NUTZEN

Konfliktmanagement bezeichnet den systematischen, bewussten und zielgerichteten Umgang mit Konflikten. Die Maßnahmen des Konfliktmanagements dienen dazu, Konflikte zielführend beizulegen und die sich daraus ergebenden Chancen zu nutzen.

NEUE LÖSUNGEN FINDEN

Mit Konflikten assoziieren viele etwas Negatives. Konflikte sollten aber nicht pauschal als negativ begriffen werden, denn insbesondere bei sachbezogenen Differenzen können sie zur positiven Entwicklung des Projekts beitragen. Durch die Diskussion der Standpunkte ergeben sich neue Lösungen bzw. Lösungswege, die vorher nicht gesehen wurden. Auch soziale Konflikte können positive Effekte hervorrufen. So ist eine Storming-Phase während des Teambildungsprozesses (vgl. Kapitel „Projektteam", Seite 69) Voraussetzung dafür, dass ein *Norming* des Teams überhaupt stattfinden kann. Gute Teams zeichnen sich meist durch diverse Qualifikationen und Hintergründe aus. Mit einem zielführenden und konstruktiven Konfliktmanagement werden Potenziale genutzt und eine gedeihliche Zusammenarbeit gefördert.

Konfliktmanagement

6.4.2 Welche Arten von Konflikten gibt es?

Man unterscheidet zwischen *sachbezogenen* und *sozialen* Konflikten.

Bei sachbezogenen Konflikten handelt es sich um aufgabenrelevante Auseinandersetzungen im Team. Die Probleme sind inhaltlicher Art.

SACHBEZOGENE KONFLIKTE

Bei sozialen Konflikten geht es um emotionale Probleme, die durch Misstrauen, Abneigung, Furcht, Wut, Frustration und andere negative Empfindungen gekennzeichnet sind.

SOZIALE KONFLIKTE

Es ist wichtig zu erkennen, welche Art von Konflikt vorliegt und welche Ebene betroffen ist. Wie Abbildung 34 skizziert, sollte die Konfliktbewältigung auf derselben Ebene stattfinden wie der Konflikt selbst. Zu vermeiden ist auch, dass ein Konfliktbeteiligter auf der Sachebene und der andere auf der emotionalen Ebene argumentiert, da ein Ebenen übergreifender Konflikt kaum sinnvoll zu lösen ist. Basiert ein Konflikt bspw. auf persönlicher Abneigung der Konfliktparteien, wird sich der vermeintlich sachorientierte Streit nicht befriedigend auflösen lassen. Da vielfach emotionale Konflikte nicht akzeptiert oder nicht offen angesprochen werden, ist die Austragung sozialer Konflikte auf der Sachebene ein verbreitetes Phänomen, das vermieden werden sollte.

KONFLIKTEBENEN

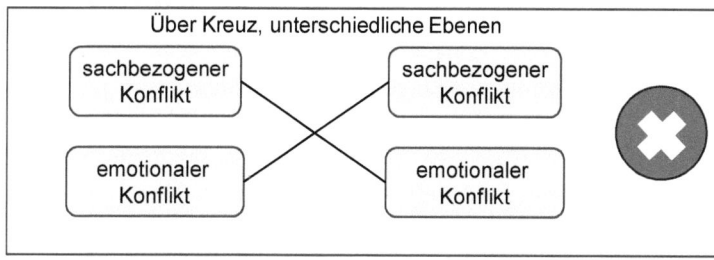

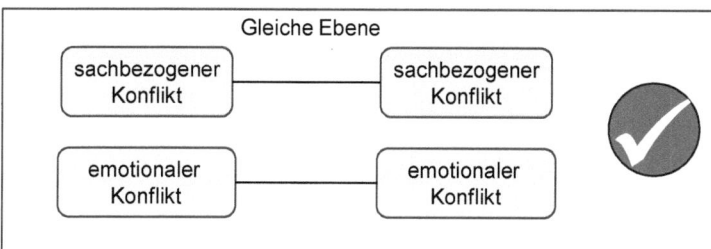

Abbildung 34: Konflikttransaktionen

Durchführen – die operative Projektarbeit

STÖRUNGEN HABEN VORRANG

Kommunikation, konzeptionelle Arbeit und insbesondere die sinnvolle Verarbeitung von Konflikten benötigen ein geeignetes Umfeld. Hier ist das Prinzip „Störungen haben Vorrang" ein guter Leitsatz. Störungen unabhängig von der Art – also bspw. sowohl ein zu hoher Lärmpegel als auch unsachliche, persönlich angreifende Kommentare – müssen abgestellt werden, damit ein konstruktiver Austausch wieder möglich wird.

6.4.3 Welche Lösungsstrategien gibt es?

WIN-WIN-SITUATION

Es gibt verschiedene Möglichkeiten, wie Betroffenen aus einem Konflikt herausgehen. Im besten Fall verlassen beide Konfliktparteien einen Streit als Sieger (Win-win-Situation). Dies sollte das angestrebte Ziel sein. Bei diesem Verlauf wurden die Chancen des Konflikts genutzt und eine Lösung gefunden, die für beide Seiten akzeptabel ist.

WIN-LOSE-SITUATION

Die zweite Möglichkeit besteht darin, dass eine der Parteien als Gewinner und die andere als Verlierer das Feld verlässt (Win-lose-Situation). Derartige Win-lose-Situationen entstehen bei ungleichen Machtverteilungen, etwa wenn ein Verkäufer darauf angewiesen ist, sein Produkt auch zu einem sehr geringen Preis zu verkaufen. In einer Win-lose-Situation kann das Verhandlungsergebnis auch dem vermeintlichen Sieger zum Nachteil gereichen. Dies zeigen Beispiele aus der Automobilindustrie, in denen Zulieferer nach Aushandlung extrem niedriger Preise nicht mehr die notwendige Qualität lieferten und die Gesamtqualität der Produkte der Automobilhersteller beeinträchtigt wurde.

Eine Win-lose-Konstellation führt also auch beim „Sieger" nur dann zu Vorteilen, wenn das Produkt hochgradig standardisiert, überprüfbar und leicht austauschbar ist. Gerade in Projektsituationen mit ihren spezifischen und individuellen Anforderungen ist eine Win-lose-Situation also kritisch zu hinterfragen.

LOSE-LOSE-SITUATION

Im schlechtesten Fall sind alle Konfliktbeteiligten mit dem Ergebnis unzufrieden bzw. es wurde keine richtige Lösung gefunden (Lose-lose-Situation). Dieses Ergebnis ist für beide Seiten von Nachteil. Im Verhandlungsprozess sollte also frühzeitig darauf geachtet werden, dass sich die Partner nicht in Lose-lose-Situation manövrieren. Falls keine Perspektiven erkennbar sind, sollten die Verhandlungen ohne Ergebnis beendet und eine Zusammenarbeit nicht angestrebt werden (Abbildung 35).

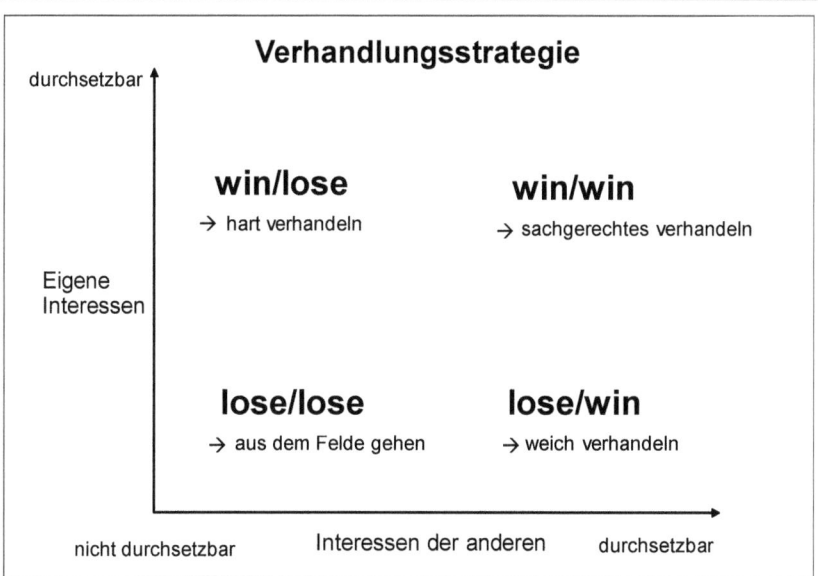

Abbildung 35: Mögliche Ergebnisse einer Konfliktlösung

Ein wichtiger Faktor zur Realisierung guter Verhandlungsergebnisse ist die Unterscheidung zwischen Positionen und Interessen. Gute Verhandlungsführung versucht mit Blick auf die Entwicklung von Alternativen und Kompromissen, die den Positionen zugrunde liegenden Interessen der Verhandlungspartner zu verstehen. So kann bspw. anstelle einer endlosen Preisdiskussion die Suche nach einer gemeinsamen Verbesserung in einem anderen Feld eine Lösung darstellen. Beispiel wäre etwa eine Vereinfachung des Logistikprozesses, die Kosteneinsparungen beim Lieferanten erlaubt und so den Weg für gemeinsame Einsparungen eröffnet. Weitere Beispiele wären etwa Referenzen für Drittprojekte, ein alternativer Zuschnitt der Unterstützungsleistungen o. Ä.

UNTERSCHEIDUNG ZWISCHEN POSITIONEN UND INTERESSEN

Kann auch so keine gütliche Lösung zur beidseitigen Zufriedenheit gefunden werden, können neutrale Kriterien und evtl. die Einbindung Dritter (Moderator, Schlichter) sinnvolle Hilfsmittel sein.

MODERATOR EINBINDEN

Eine wichtige Rolle in Konfliktmanagement und Verhandlungsführung spielt die Wahrnehmung der Beteiligten. Sie kann sehr unterschiedlich ausfallen und so eine zielführende Lösungsfindung erschweren. Einen Überblick, wie Wahrnehmung funktioniert, liefert daher der folgende Abschnitt.

WAHRNEHMUNG

6.4.4 Wie beeinflusst unsere Wahrnehmung Konflikte?

WIRKLICHKEITS-KONSTRUKTIONEN
Unsere Wahrnehmung wird durch Muster geprägt, die wir aufgrund unserer Lebenserfahrung, unserer Sozialisation und kultureller Schemata ausgebildet haben. Sie wird nicht so sehr davon bestimmt, was wir mit den Augen sehen, sondern was wir im Gehirn mit diesen Bildern machen. Konflikte beruhen oft auf abweichenden Wahrnehmungen der Beteiligten.

BEISPIEL „KREISE"
Wir sehen die Dinge um uns herum immer im Verhältnis zu anderen (Abbildung 36). Welcher der dunklen Punkte ist größer?

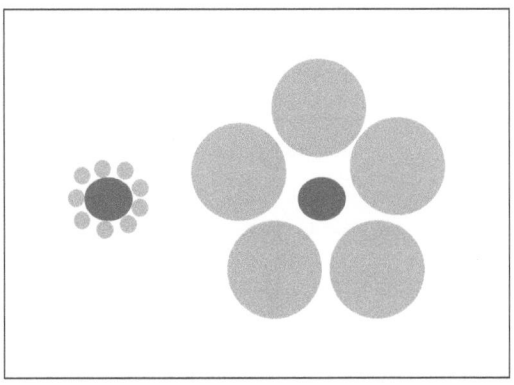

Abbildung 36: Bildliche Darstellung der Relativität

Der Mittelkreis scheint sich in der Größe zu verändern. Sind kleine Kreise um ihn herum, wirkt er größer, und sind größere Kreise um ihn herum, wirkt er kleiner. In Abbildung 36 sind die Mittelkreise gleichgroß, scheinen aber unterschiedlich groß zu sein, je nachdem wie groß die umgebenden Kreise sind.

BEIPSIEL „VASE" ODER „GESICHTER"
Wir können sehen, was gar nicht da ist, doch was da ist, nehmen wir nicht immer wahr. Wir suchen nach bekannten Mustern (Abbildung 37).

Konfliktmanagement

Abbildung 37: Vase oder zwei Gesichter?

Was ist auf dem Bild zu erkennen? Eine weiße Blumenvase? Oder zwei schwarze Gesichter im Profil, die sich gegenseitig anschauen?

Unser Verhalten und Denken wird in starkem Maße von unserem augenblicklichen Umfeld beeinflusst. Wir alle sind ein Produkt unserer Geschichte und unserer Erfahrungen.

Konfliktbeteiligte sollten demnach versuchen, die Wahrnehmung des anderen zu verstehen, oder zumindest den Willen dazu aufbringen. Es ist wichtig, dass die Parteien die jeweils andere Sichtweise verstehen und auch versuchen zu begreifen, wie weit die eigenen Wahrnehmungen und Perspektiven subjektiv geprägt sind.

SICHTWEISE VERSTEHEN

6.4.5 Warum können Konflikte als Chance gesehen werden?

Konflikte sind im Projektalltag nicht die Ausnahme, sondern die Regel. Aus diesem Grund sollte im Projekt eine positive, operative Konfliktkultur geschaffen werden. Sensibilisierte Mitarbeiter betrachten Konflikte nicht als Störgröße, sondern als Chance für eine konstruktive Veränderung. Oft sind es Konflikte, die dazu beitragen, grundlegend neue Lösungsansätze zu finden oder auch bisher unerkannte Schwachstellen zu identifizieren. Ein konstruktives Konfliktmanagement ist ein entscheidender Faktor der Innovationsstärke und des Risikomanagements.

KONFLIKTE SIND DIE REGEL

Durchführen – die operative Projektarbeit

KONFLIKT-BEWÄLTIGUNG Bei der Konfliktbewältigung sollten die Positionen der Parteien verdeutlicht, aber auch akzeptiert werden. Alle Beteiligten sollten ein gemeinsames Verständnis dafür entwickeln, welche Faktoren, Perspektiven und Ansätze den Konflikt auslösten.

ANERKENNUNG DER EIGENEN SICHTWEISE Menschen wünschen sich die Anerkennung der eigenen Sichtweise. Dies ist ein weiterer Grund, warum die jeweiligen Interessen umfassend verstanden werden und bei einer Lösungsfindung Berücksichtigung finden müssen. Gleichzeitig ermöglicht dieser Verständnisprozess den Konfliktparteien, ihre eigenen Positionen mit angemessener Distanz zu sehen und besser zu verstehen. Dies bietet die Chance, bestehende Sichtweisen zu hinterfragen und kreative neue Lösungen zu finden; zum Beispiel durch Kombination diverser Sichtweisen (vgl. Kapitel „Kreativität", Seite 124). Zugleich fördert der Respekt für differente Perspektiven das für die Teamleistung bedeutsame Autonomiestreben der Mitarbeiter (vgl. Kapitel „Teammotivation", Seite 99).

Konfliktkompetenz ist erlernbar. Entsprechende Schulungen können den Projektmitarbeitern diese Kompetenz vermitteln.

PERSÖNLICHE WERTSCHÄTZUNG In vielen Fällen ist das offene, persönliche Gespräch eine gute Basis zur Konfliktlösung. Wichtig ist es, die involvierten Parteien „an einen Tisch" zu bringen und auf die Einhaltung von Spielregeln, wie Respekt vor der Sichtweise aller Beteiligten, zu drängen. Dabei ist es wichtig, dass den Beteiligten am Anfang des Gesprächs persönliche Wertschätzung entgegengebracht wird. Dann sollte das Konfliktthema offen angesprochen und die jeweiligen Wahrnehmungen deutlich gemacht werden. Anschließend sollte jeder versuchen, die Sichtweise der anderen zu verstehen. Im Idealfall werden Lösungsmöglichkeiten entwickelt, die objektiv bewertet werden können. Gesprächsresultat sollte ein Aktionsplan sein, durch dessen Umsetzung der Konflikt gelöst werden kann. Zum Abschluss ist es ratsam, dass die beteiligten Konfliktpartner ihr Commitment zur gefundenen Lösung genauso wie ihre Wertschätzung gegenüber den anderen Beteiligten noch einmal abschließend verdeutlichen (Abbildung 38).

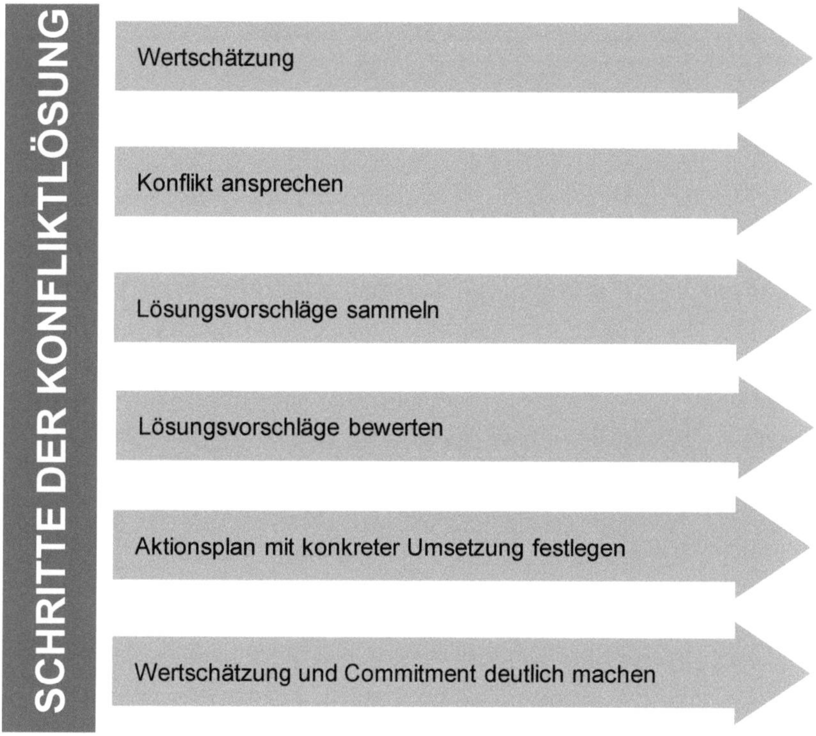

Konfliktmanagement

SCHRITTE DER KONFLIKTLÖSUNG

- Wertschätzung
- Konflikt ansprechen
- Lösungsvorschläge sammeln
- Lösungsvorschläge bewerten
- Aktionsplan mit konkreter Umsetzung festlegen
- Wertschätzung und Commitment deutlich machen

Abbildung 38: Kommunikation als Mittel der Konfliktlösung

Herrn Felix ist aufgefallen, dass Frau Durchblick, die die Aufgabe der Projektassistenz wahrnimmt, unzufrieden wirkt und eine Missstimmung im Projektteam herrscht. Er vereinbart mit ihr ein persönliches Gespräch, um herauszufinden, was los ist. Herr Felix bringt zuerst zum Ausdruck, dass er sie als Mitarbeiterin sehr schätzt, und lobt sie für ihre guten Leistungen. Dann spricht er sie konkret auf die von ihm wahrgenommenen Unstimmigkeiten an. Im Gespräch stellt sich heraus, dass Frau Durchblick sich von den Projektmitarbeitern ausgenutzt fühlt, da jeder glaubt, sie sei für alles und jeden zuständig, z. B. dafür, Kopien anzufertigen, Kaffee zu kochen und Einladungen zu schreiben. Durch diese Zusatzbelastung fühlt sie sich überfordert.
Herr Felix und Frau Durchblick überlegen gemeinsam, wie eine Lösung der Situation aussehen könnte. Sie sammeln Ideen, z. B. schlägt Herr Felix vor, den Konflikt in einem Projektmeeting anzusprechen und zu erwirken, dass die Assistentin durch einen Projektmitarbeiter unterstützt wird.

Nachdem beide alle Lösungsvorschläge bewertet haben, einigen sie sich darauf, die Aufgaben und Funktionen der Projektassistenz bis Ende der Woche gemeinsam aufzuschreiben. Dies soll in sehr konkreter Form erfolgen. Dieses Tätigkeitsprofil wird dann im nächsten Projektmeeting mit dem Projektteam diskutiert und abschließend vereinbart.

Herr Felix bedankt sich bei Frau Durchblick für das konstruktive Gespräch und bringt nochmals zum Ausdruck, dass er ihre Arbeit sehr schätzt.

6.4.6 Wie sieht der Eskalationsprozess aus?

ÄNDERN DER VERANTWORTLICHKEIT

Auch wenn nach Lösungen gesucht wird, kann es zu Situationen kommen, in denen auf derselben Ebene keine Lösung gefunden werden kann. In diesen Fällen ist es nötig, die Behandlung des Konflikts auf die nächste Ebene zu tragen, in der Fachsprache wird dies als Eskalation („eine Angelegenheit eskalieren") bezeichnet. Das bedeutet z. B., dass der Projekteiter den Lenkungsausschuss einberuft und das Problem auf eine andere Hierarchieebene bringt. Durch die Eskalation ändern sich die Verantwortlichkeit für den Konflikt und dessen Status. Nun gilt das Problem sozusagen als „größer", was aber auch bedeutet, dass neue Wege zur Bewältigung beschritten werden können. Die Eskalation bietet somit die Chance, eine Lösung auf anderer Ebene zu finden.

ESKALATION

Eskalation bedeutet, eine höhere Hierarchiestufe einzuschalten, um eine Entscheidung herbeizuführen, wenn die Situation mit den eigenen Kompetenzen und Befugnissen nicht mehr zu klären ist.

UNGLEICHES VERSTÄNDNIS VON ESKALATION

Im Gegensatz zum alltagssprachlichen Gebrauch von „Eskalation" ist dieses Wort im Projektmanagement nicht mit einer negativen Bewertung verknüpft. Eine Eskalation ist in vielen Fällen eine angemessene und sachliche Form des Konfliktmanagements ohne besondere emotionale Bedeutung. Dies kann zu Verwirrungen führen. Ein gemeinsames Wortverständnis sollte in der Zusammenarbeit mit anderen Fachgruppen sichergestellt werden.

ESKALATION IST EINE BRINGSCHULD

Der Eskalationsprozess muss allen Beteiligten bekannt und auch als Instrument anerkannt sein. Eskalation ist eine Bringschuld des Projektteams und des Projektmanagement gegenüber den Auftraggebern und den Entscheidern. Sie sollte als Chance begriffen werden, die Aufmerksamkeit von Stakeholdern und Management in konstruktiver Weise zu gewinnen. So können sich kreative Impulse von höherer Stelle gewinnbringend ins Projekt integrieren lassen. Zudem können die positiven Facetten beider Konfliktpartner zur Sprache gebracht werden, etwa ihre leidenschaftliche Einsatzbereitschaft für das Projekt und ihre kompetente fachliche Arbeit.

Meist sind größere Runden schlechte Orte, um schwierige und emotionale Themen zu besprechen. Entsprechend sollten emotionale Themen bereits geklärt sein, wenn bspw. Entscheidungen zum Thema getroffen werden müssen. So sollten emotional kritische Diskussionen und Entscheidungen etwa im Lenkungsausschuss gut vorbereitet sein. Die Akteure sollten jeweils rechtzeitig vorab im kleinen Kreis informiert, eine gemeinsame Linie nach Möglichkeit bereits vorher abgesteckt worden sein. So vorbereitet können unerfreuliche und wenig konstruktive Konflikte vermieden werden.

DIE RICHTIGE BÜHNE WÄHLEN

- Konflikte sind die Regel. Sie sollten als normal akzeptiert sowie als Chancen genutzt werden!
- Konflikte beruhen oft auf unterschiedlicher Wahrnehmung, weshalb alle Projektmitarbeiter für die Übernahme anderer Perspektiven sensibilisiert werden sollten.
- Eskalation ist eine Möglichkeit, Stakeholder- und Management-Attention in positiver Weise zu gewinnen!
- Eskalation bedeutet eine Bringschuld!

KERNAUSSAGEN UND HANDLUNGS-EMPFEHLUNGEN

6.5 Kreativität

Herr Felix fragt sich, wie passende Fahrradtaschen für das neue FlexVelo gestaltet sein müssten. Er überlegt, wie er das Kreativitätspotenzial seiner Projektmitarbeiter aktivieren kann. Ist der Einsatz von Kreativitätstechniken sinnvoll? Welche Kreativitätstechniken könnte er dafür nutzen?

ANTWORTEN IN DIESEM KAPITEL

- Worauf fußt Kreativität?
- Wie funktionieren Kreativitätstechniken (Beispiel Design Thinking)?

Projekte sind dadurch gekennzeichnet, dass Aufgaben außerhalb des Tagesgeschäfts gelöst werden müssen. Dafür kann es notwendig sein, kreative Wege zu beschreiten. Kreativität führt zu neuen, einfallsreichen Lösungen. Auch wenn derartige Ideen nicht immer sicher herbeigeführt werden können, fördern bestimmte Aspekte die Kreativität.

6.5.1 Worauf fußt Kreativität?

KREATIVITÄT

Der Begriff Kreativität geht auf das lateinische *creare* zurück, was so viel bedeutet wie ‚etwas neu schaffen, erfinden, erzeugen'. Kreatives Denken bedeutet das Ausbrechen aus verfestigten Denkstrukturen. Dabei besteht die kreative Leistung in einer Neukombination bekannten Wissens oder der Schaffung von etwas gänzlich Neuem.

SCHRITT-FÜR-SCHRITT-VORGEHENSWEISE

Zur Bewältigung von Aufgaben des Tagesgeschäfts steht uns eine Vielzahl sogenannter linearer Problemlösungstechniken zur Verfügung. Diese Techniken beruhen auf „geradlinigen" Vorgehensweisen, bei denen man Aufgabenstellungen Schritt für Schritt in geplanter Weise löst. Ein Beispiel für derartiges lineares oder auch „vertikales" Denken ist die Ermittlung des optimalen Anbieters für ein Produkt unter gegebenen Preis- und Lieferbedingungen mithilfe eines Gleichungssystems. Hier stehen die Fähigkeiten der linken Gehirnhälfte, in der das rationale und systematisch-analytische Denken stattfindet, im Vordergrund. Der Lösungsansatz basiert auf einer systematischen Schritt-für-Schritt-Vorgehensweise.

„QUERDENKEN"

Kreatives Denken fußt auf der Nutzung beider Gehirnhälften. Hier werden systematisch-analytische Fähigkeiten um die Fähigkeiten der rechten Gehirnhälfte ergänzt, die für Gefühl, Intuition, Fantasie und musikalisch-künstlerische Tätigkeiten zuständig ist. Die Probleme werden nicht allein durch systematisches Nachdenken gelöst. Das Verlassen bekannter Denkstrukturen hilft, neue Lösungen zu finden. Mithilfe von „Querdenken" oder „lateralem" Denken werden neue Perspektiven eingenommen und scheinbar „undenkbare" Ideen zugelassen. Assoziationen (Gedankenverknüpfungen) und Intuition (Eingebung) ermöglichen kreative Überlegungen.

6.5.2 Wie funktionieren Kreativitätstechniken (Beispiel Design Thinking)?

Es gibt eine Vielzahl von Kreativitätstechniken, z. B. Brainstorming, Mindmapping oder Morphologischer Kasten. In diesem Buch wird beispielhaft die Methodik Design Thinking vorgestellt, die zugleich wichtige Elemente anderer Techniken, wie Brainstorming, enthält.

Design Thinking ist eine Methodik zur Ideenfindung, deren Grundregeln sich als erfolgreich erwiesen haben, um zu neuen Lösungsideen zu gelangen. Ein wesentliches methodisches Element ist der Prozess, der sich in iterativen Schleifen vollzieht. So wird früh ein Prototyp der angedachten Lösung entwickelt und Einsichten werden wiederholt rekapituliert, Lösungen weiterentwickelt (Abbildung 39).

ITERATIVE SCHLEIFEN

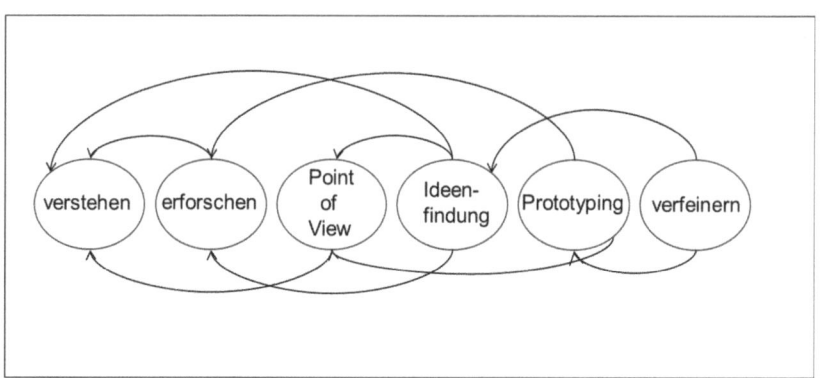

Abbildung 39: Design-Thinking-Prozess

Grundsätzlich umfasst der Design-Thinking-Prozess die folgenden Schritte:

Durchführen – die operative Projektarbeit

FIKTIVE „PERSONAS"
Zu Beginn des Prozesses wird die Aufgabenstellung abgegrenzt und ein gemeinsames Verständnis geschaffen (Aufgabenstellung verstehen). In der Folge werden Aufgabe und Umfeld näher untersucht und in die Aufgabenstellung und ihr Umfeld eingetaucht (erforschen). Durch intensive Vor-Ort-Beobachtungen, Interviews und Recherchen untersuchen die Projektteilnehmer die relevanten Anforderungen und Herausforderungen für das zu schaffende Produkt. Hier spielt die Perspektive der späteren Anwender eine wichtige Rolle. Die auf diese Weise gewonnenen Erkenntnisse werden in der Phase „Point of View" zusammengeführt. Hilfreich kann die Entwicklung fiktiver „Personas" sein, für einzelne typische Anwender stehen, auf deren Wünsche und Bedürfnisse die angestrebte Lösung ausgerichtet werden soll.

PERSONAS
Vielfach werden Personas, d. h. fiktive Akteure, zur Verdeutlichung von Interessenlage und Situation potenzieller Anwender kritisiert, da sie eben nur eine idealtypische Person mit ihrer spezifischen Konstellation als möglichen Nutzer betrachten. In der Praxis zeigt sich aber, dass die Fokussierung auf nur eine Person vielen Überlegungen die notwendige Klarheit verschafft, um innovative, zielgerichtete Lösungen zu erreichen. Oft zeigt sich nach der Entwicklung der Lösung für eine Persona, dass die Innovation auch für andere Nutzer sehr nutzbringend ist.

BRAINSTORMING-TECHNIKEN
Mithilfe verschiedener Brainstorming-Techniken wird anschließend eine Vielzahl von Ideen generiert (Ideenfindung), weiterentwickelt, in mehreren Iterationen kombiniert und anschließend in erste Prototypen (Prototyping) einer möglichen Lösung integriert. Die so konstruierten Prototypen werden der Zielgruppe möglichst anwendungsnah präsentiert und auf Basis der beobachteten Reaktionen weiterentwickelt und verfeinert, bis ein zufriedenstellendes Ergebnis vorliegt.

Im Design Thinking unterstützen zahlreiche Prinzipien das Brainstorming in der Phase der Ideenfindung:

• Arbeite visuell. (*be visual*)

• Nur einer spricht. (*one conversation at a time*)

• Fördere verrückte Ideen. (*encourage wild ideas*)

• Stelle Kritik zurück. (*defer judgement*)

- Quantität ist wichtig. (*go for quantity*)

- Bleibe beim Thema. (*stay focused*)

- Baue auf den Ideen anderer auf. (*build on the ideas of others*)

Um möglichst vielfältige Herangehensweisen an eine Problemstellung zu gewährleisten, sollten beim Design Thinking Personen aus unterschiedlichen Disziplinen zusammenkommen (interdisziplinäre Teams). Diese Vielfalt kann auf dem beruflichen Hintergrund, aber auch auf kulturellen, nationalen, Alters- und Geschlechts-Unterschieden beruhen. Entscheidend ist der vielschichtige Blick auf eine Thematik.

INTERDISZIPLINÄRE TEAMS

Design Thinking (aber auch andere Kreativitätstechniken) beruhen auf der Nutzung von Denkstrukturen, die im täglichen Arbeiten oft im Hintergrund stehen. Soll Kreativität ermöglicht werden, müssen die Mitarbeiter alltägliche Muster verlassen. Dies gilt in fast jeder Hinsicht, so etwa bzgl. der räumlichen Umgebung, der Routinen des täglichen Arbeitsablaufs, der Formen des Umgangs untereinander etc.

ALLTÄGLICHE MUSTER VERLASSEN

Ein guter Raum für kreatives Denken liegt möglichst entfernt vom Tagesgeschäft. Statten Sie ihn mit Bastelmaterialien sowie vielen beschreib- und beklebbaren Wänden aus. Das Umfeld sollte das „Skribbeln", kreatives Zusammenarbeiten und die Erstellung von Prototypen in unkomplizierter Form erleichtern und fördern.

KREATIVES UMFELD

Auch der kreative Raum (*Creative Space*) spielt dabei eine wichtige Rolle. In der Praxis wird er oft vernachlässigt. Ein Raum für das kreative Schaffen hilft, Grenzen zu überwinden, Gedanken schnell und flexibel zu entwickeln und plastisch auszugestalten. In diesem Raum sollte es viele Flächen zum Schreiben und Darstellen geben (Flipcharts, Pinnwände, Whiteboards etc.), auch der Raum selbst sollte flexibel umzugestalten sein und Materialien zur Schaffung von Prototypen bereithalten (Pappe, Styropor, Draht etc.). All dies hilft Gruppen, ihre Gedanken schnell zu ordnen und in Modelle für Produkte umzusetzen. Auch erleichtert der „Tapetenwechsel" die Schaffung einer angstfreien Atmosphäre, in der keine Furcht besteht, sich „lächerlich zu machen".

„CREATIVE SPACE"

Herr Felix ruft die Projektmitarbeiter zusammen, um mit ihnen durch Brainstorming Ideen zur Gestaltung passender Fahrradtaschen für das FlexVelo zu entwickeln. Er selbst nimmt die Rolle des Moderators ein und weist zu Beginn darauf hin, dass sogenannte Killerphrasen wie „das haben wir schon immer so gemacht" nicht erlaubt sind. Die Mitarbeiter sollen ihrer Fantasie freien Lauf lassen.

Alle Ideen werden mit Haftnotizen festgehalten und – wo möglich – einfache Skizzen oder Prototypen erstellt. Während der Sitzung muss Herr Felix den Verkaufsleiter Herrn Lauer etwas bremsen, da er sich sehr hervortut und die anderen nicht zu Wort kommen lässt. Dagegen muss er Frau Harmonie aus der Abteilung „Qualitätssicherung", die sehr still ist, aktivieren, sich zu äußern. Es werden sehr viele Ideen gesammelt und die Teilnehmer greifen auch die Ideen anderer auf und spinnen sie weiter.

Bald werden mithilfe einfacher Baumwolltaschen kombiniert mit einigen Bändern und ein wenig Nähgarn erste Taschen erstellt. Diese sind noch weit entfernt von einem marktfähigen Produkt, aber anhand dieses Prototyps werden gedankliche Sackgassen deutlich, während zugleich neue Ideen entstehen, die vermeintlich schwierige Probleme schnell und unkonventionell lösen; viele weitere pfiffige Ideen mit großem praktischen Mehrwert werden durch das Anfassen und Ausprobieren des einfachen Taschen-Prototyps möglich.

Am Ende ist Herr Felix selbst überrascht, wie viele Ideen zusammengekommen sind. Viele Ideen übertragen den Ansatz der Verknüpfung von sportlichem und praktischem Fahrrad auf die Taschen. So soll eine Tasche sehr leicht und zugleich sehr gut als Einkaufstasche zu nutzen sein.

In Folgeschritten werden die vielen Ideen gefiltert oder verknüpft, weiter konkretisiert und in simplen Tests überprüft und weiterentwickelt.

KERNAUSSAGEN UND HANDLUNGSEMPFEHLUNGEN

- Kreativität setzt voraus, dass wir lineare Denkstrukturen verlassen.
- Gute Ideen sind meist das Resultat vieler Vorgängerideen, die verknüpft, verändert und gefiltert werden.
- Personelle Vielfalt und das Verlassen des täglichen Umfelds erleichtern die Suche nach unerwarteten Lösungen.
- Die Erforschung des Umfelds und die Schaffung eines *Point of View* einzelner „Personas" bilden die Basis für Kreativität mit hohem Mehrwert für den Nutzer.
- Kreative Räume und Infrastruktur für visuell gestütztes Arbeiten sind wichtig, um Besprechungsergebnisse und Ideen schnell und einfach kommunizieren zu können.

6.6 Projektdokumentation

Herr Felix überlegt, wie er mit dem Thema Dokumentation verfahren könnte. Ihm ist bewusst, dass dieses Thema oft zu kurz kommt und von den Projektmitarbeitern gerne an das Ende des Projekts geschoben wird. Er denkt darüber nach, wie detailliert und in welcher Form die Dokumentation sinnvoll ist. Sie sollte Aufschluss darüber geben, wie das Projekt gelaufen ist, welche Ergebnisse erreicht und welche Entscheidungen auf Basis welcher Überlegungen vereinbart worden sind. Dabei ist für ihn ebenfalls die Überlegung bedeutsam, wie diese Arbeit mit angemessenem Aufwand zu realisieren ist; auch muss die notwendige Zeit für diese Tätigkeit angemessen eingeplant werden.

- Welche Arten von Projektdokumentation sind sinnvoll bzw. nötig?
- Worauf ist bei IT-gestützter Dokumentation zu achten?
- Welche Formulare sind für die Projektarbeit relevant?
- Wie umfangreich sollte die Dokumentation sein?

ANTWORTEN IN DIESEM KAPITEL

Die Dokumentation ist unverzichtbares Element professionell durchgeführter Projekte. Das richtige Maß zu finden und eine hohe Qualität zu erreichen, ist jedoch herausfordernd.

6.6.1 Welche Arten von Projektdokumentation sind sinnvoll bzw. nötig?

Unter Projektdokumentation versteht man die Sammlung aller für das Projekt relevanter Unterlagen, Dokumente, Handbücher, Ergebnisberichte sowie Informationen. Die Projektdokumentation gibt eine ausführliche Antwort auf die Frage, wie das Projekt abgelaufen ist, wie die Aufgabenstellung gelöst wurde und wie das Ergebnis aussieht. Die Dokumente sollten übersichtlich zur Verfügung stehen, um dem Wunsch nach Nachvollziehbarkeit und der Revisionsfähigkeit eines Projekts Rechnung zu tragen.

PROJEKT-DOKUMENTATION

ABGRENZUNG UND ZWECK — Zweck und Abgrenzung von Projekthandbuch, -dokumentation und -ergebnisbericht wurden bereits im Abschnitt „Initialisierung" (vgl. Kapitel „Projekthandbuch", Seite 80) beschrieben. Alle drei haben ihren eigenen Zweck und sollten in jedem Projekt in angemessenem Umfang und Tiefe erstellt und gepflegt werden. Damit die Unterscheidung von Handbuch, Dokumentation und Ergebnisbericht nicht verwirrt, sind den Projektmitarbeitern Zwecke und Abgrenzungen zu vermitteln.

6.6.2 Worauf ist bei IT-gestützter Dokumentation zu achten?

DIGITAL UND PAPIERFORM — Vielfach ist die tägliche Projektarbeit noch von einem Nebeneinander von Unterlagen in Digital- und in Papierform gekennzeichnet. Viele Mitarbeiter bevorzugen bspw. für das konzentrierte Lesen von Dokumenten die Papierform. An anderer Stelle werden Unterlagen in Papierform zur Verfügung gestellt oder rechtliche Vorgaben für Urkunden u. Ä. erfordern die Papierform.

NACHTEILE DER PAPIERFORM — Gleichzeitig müssen aber die gravierenden Nachteile von Dokumenten in Papierform verstanden werden. Nicht nur bedeuten Papierunterlagen einen erhöhten Ressourcenverzehr, für die Projektarbeit haben sie noch weitaus gravierendere Nachteile. So bedürfen Papierunterlagen der physischen Aufbewahrung und des physischen Transports. In verteilten Projektteams bedeuten nur in Papierform vorliegende Informationen logistische Probleme (Versendung) und vor allem die Gefahr, dass nicht alle Teammitglieder zeitnah auf den jeweils aktuellen Stand zugreifen können. Auch besteht die Gefahr, dass bei Dokumenten nicht nachvollziehbar ist, dass Versionen veraltet sind, eine neue Version an anderer Stelle vorliegt. Auch die Erstellung von Sicherungskopien als Schutz vor Verlust, Diebstahl, Zerstörung etc. ist in umfassendem Maße nicht möglich. Ein besonders gravierender Nachteil von Informationen in Papierform sind die äußerst eingeschränkten Möglichkeiten von Suche und Recherche. So können Dokumente immer nur nach einem Kriterium bzw. einer bestimmten Folge von Kriterien sortiert werden, bspw. schließt die Ablage nach Niederlassung und dann nach Name die gleichzeitige Ablage nach Verkaufsdatum und Produkt über alle Niederlassungen und Namen praktisch aus. Diese Einschränkung gilt nicht bei digitalen Dokumenten, in denen nicht nur nach Zeichenketten über alle Dokumente gesucht, sondern vor allem diverse Suchattribute ad hoc kombiniert werden können.

Aus vorgenannten Gründen und da in Projekten die Zusammenarbeit zunehmend virtuell stattfindet, ist die Digitalisierung der Projektunterlagen empfehlenswert. Von einer hybriden Variante aus Daten und Papier ist abzuraten, da Informationen verloren gehen können. Nicht digital erstellte Inhalte wie Flipcharts und Post-its aus Besprechungen, handschriftliche Notizen oder an Ausdrucken vorgenommene Korrekturen und Anmerkungen müssen digitalisiert werden, bspw. in Form von Fotos oder Scans. Soweit möglich sollten derartige Inhalte durch *Optical Character Recognition* (OCR) in digital durchsuchbaren Text umgewandelt werden. So kann sichergestellt werden, dass alle relevanten Inhalte aufzufinden sind und für den berechtigten Personenkreis unabhängig von Ort und Zeit zur Verfügung stehen. Daher ist die empfohlene Strategie eine hundertprozentige Digitalisierung.

100%IGE DIGITALISIERUNG

Bei der Digitalisierung müssen vorher vereinbarte Dokumentationsregeln eingehalten werden. Im vorbildlichen Fall lassen sich die Daten für alle Mitarbeiter unkompliziert wiederfinden (bspw. durch Schlagwortsuche) und die Inhalte sind übersichtlich gegliedert. Auf diese Weise wird auch Personenunabhängigkeit gewährleistet, d. h., Dokumente sind auch ohne die Hilfe von Kollegen jederzeit auffindbar.

SCHLAGWORTSUCHE

Zu empfehlen ist eine vorher festgelegte Struktur der Dokumentablage, die bereits im Projekthandbuch veranschaulicht wird. Durch intelligente Dokumentenmanagementsysteme lassen sich auch die verschiedenen Versionen übersichtlich verwalten. Damit sind die Nachvollziehbarkeit der Änderungen und die Revisionsfähigkeit eines Projekts eher gewährleistet. Bei guter Dokumentation können die Arbeitsergebnisse, Daten und grundlegenden Erkenntnisse des Projekts („Lessons learned") später für andere Projekte praktikabel genutzt werden, da eine schnelle Einarbeitung möglich ist. So stellt eine gute Projektdokumentation eine solide Planungsgrundlage für verwandte Projekte dar. Alternativ können Dokumente durch „Tags" auffindbar sein. Dies setzt aber ebenfalls eine ausgeprägte Disziplin bei der Ablage voraus.

INTELLIGENTE DOKUMENTENMANAGEMENTSYSTEME

In Unternehmen existieren mitunter Standardvorlagen und Konventionen, wie Daten abgelegt werden müssen, um sie unternehmensweit zu nutzen. In diesem Fall sollte sich der Projektmanager danach richten. Falls keine allgemeingültigen Prinzipien existieren, sind vor Projektbeginn die Dokumentationsregeln für das aktuelle Projekt zu bestimmen.

DOKUMENTATIONSREGELN

Durchführen – die operative Projektarbeit

Auf Projektlaufwerken können Ordnerstrukturen aufgebaut werden, in denen die Mitarbeiter alle relevanten Dateien des Projekts geordnet ablegen. Dabei sind die Namensgebung der Dateien mit Datum und Versionskennung sowie das Einhalten der vergebenen Zugriffsrechte bedeutsam. Mit entsprechenden IT-Lösungen wird sichergestellt, dass nicht gleichzeitig mehrere Personen unkoordiniert eine Datei bearbeiten.

NEUE IT-LÖSUNGEN Durch das Internet stehen neue IT-Lösungen zur Verfügung, die auch für das Projektmanagement erfolgreich genutzt werden können, z. B.:

- Wikis wie MediaWiki oder Confluence,
- Kollaborations- und Content-Management-Systeme wie MS Sharepoint oder Jive,
- Filesharing-Systeme wie Dropbox oder Box.com,
- cloudbasierte Office-Dienste wie Google Docs.

VIRTUELLE TEAMS Diese Systeme erleichtern die Kommunikation im Projekt, vor allem für vorwiegend virtuell zusammenarbeitende Teams. Hier besteht die Möglichkeit, gemeinsam Dateien zu bearbeiten oder zu verwalten. Bei Wikis oder cloudbasierten Office-Diensten können mehrere Bearbeiter parallel Inhalte erstellen und verändern. Damit reduziert sich auch die Gefahr von Versionskonflikten durch parallel offline bearbeitete Dokumente.

DATENSCHUTZ UND DATENSICHERHEIT Zu beachten sind die Erfordernisse von Datenschutz und Datensicherheit. Selbst wenn die Daten in der sog. Cloud gespeichert werden (Speicherplatz im Netz), dürfen sie nur dem berechtigten Personenkreis zugänglich sein. Abhängig von den Inhalten können sich hier bereits weitreichende Schwierigkeiten durch Geschäftsbedingungen und Server-Standorte ergeben, etwa wenn Anbieter nicht zusichern können, dass ihre Server im Geltungsbereich europäischer oder deutscher Datenschutzregulierung liegen oder Geschäftsbedingungen Rechte an gespeicherten Inhalten einschränken. Hier können lokale Anbieter oder selbst gehostete Systeme auf Basis von Open-Source-Systemen wie MediaWiki oder ownCloud einen Alternative sein.

Unabhängig davon ob die Projektdokumente in der Cloud oder auf eigenen Servern gespeichert werden, ist es notwendig, regelmäßig Sicherungskopien zu erstellen. Zu beachten ist, dass die technische Erstellung von Sicherungskopien nicht hinreichend ist. Vielmehr muss gewährleistet sein, dass frühere Sicherungskopien auch problemlos zugänglich und lesbar sind. Dies sollte in regelmäßigen Test geprüft werden.

SICHERUNGS-KOPIEN

> Herr Felix berät sich mit seinem stellvertretenden Projektleiter Herrn Stark über das Handling der Unterlagen für das Projekt FlexVelo. Sie entscheiden sich für das digitale System, das schon bei der ProVelo Anwendung findet. Auf diesem Server sind u. a. schon die Standardformulare der Firma abgelegt. Nun werden dort auch die Unterlagen für das Projekt hinzugefügt, sodass sie allen Projektmitarbeitern zur Verfügung stehen.
> Alle Dateien werden in diesem System mit Datum, Projektbezeichnung und Versionskennung abgelegt (Beispiel: JJJJMMTT-Projektkürzel-Dateiname_Versionsnummer). Zudem existiert die Möglichkeit, über eine Schlagworttextsuche entsprechende Inhalte wiederzufinden. Selbst Papierdokumente werden eingescannt.
> Des Weiteren vergibt Herr Felix jedem Projektmitarbeiter eine virtuelle Rolle im System (z. B.: Administrator, Autor),um Zugriffs- und Bearbeitungsrechte zu regeln. Überdies werden die Stundenrückmeldungen für die jeweiligen Teilprojekte im Projektmanagementsystem erfasst.

6.6.3 Welche Formulare sind für die Projektarbeit relevant?

Formulare sind hilfreich, um für bestimmte Themenkomplexe standardisiert Informationen abzufragen und bereitzustellen, somit dienen sie auch als Checklisten. Am besten erstellt man die Formulare bereits in der Projektvorbereitungsphase. Sinnvoll ist es auch, einmal ausgearbeitete Formulare firmenweit zur Verfügung zu stellen und dann entsprechend an jeweilige Projekterfordernisse anzupassen. Die Verwendung standardisierter Formulare kann während des Projekts enorm viel Zeit sparen, auch erleichtern Formulare die Einarbeitung in die Dokumentation für neue Projektmitarbeiter und andere berechtigte Außenstehende.

STANDARDISIERTE FORMULARE

Durchführen – die operative Projektarbeit

Typische Formulare umfassen die folgenden Themenfelder:

- Projektauftrag (mit Projektziel),
- Gliederung der Arbeitspakete,
- Meilensteinliste,
- Projekthandbuch,
- Stakeholderliste/Stakeholderportfolio,
- Liste der Projektbeteiligten,
- Projektstatusbericht,
- To-do-Liste für die Mitarbeiter der Arbeitspakete,
- Protokoll für den Verlauf von Meetings,
- Projektergebnisbericht,
- Änderungsanforderung (CR).

DOWNLOAD FORMULARE

Unter www.pm-haus.de/downloads.html werden alle Formulare zur Verfügung gestellt.

6.6.4 Wie umfangreich sollte die Dokumentation sein?

ANGEMESSENE DOKUMENTATION FÜR DIE PROJEKTGRÖßE

Die Projektdokumentation sollte für das Projekt bzw. für die Projektgröße angemessen sein. Es gilt *nicht*: Viel hilft viel! Stattdessen ist zu hinterfragen, wie viel Dokumentation für die Projektgröße sinnvoll ist. Allerdings sind präzise Vorgaben wichtig. Durch klare Angaben zum Projektstart lässt sich leichter eine hohe Qualität der Dokumentation erreichen, sowohl für den Projektverlauf als auch für die Ergebnisse. Im Zweifelsfall sollten die Vorgaben weniger umfangreich, aber dafür auf Dauer umsetzbar und durchzuhalten sein. Vielfach ist dies in der Projektpraxis ein Problem. Unrealistische Anforderungen an die Dokumentation führen dazu, dass Vorgaben nicht eingehalten werden und schließlich de facto auch kein praktikabler Mindeststandard mehr umgesetzt wird.

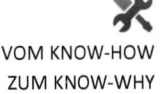

VOM KNOW-HOW ZUM KNOW-WHY

Sowohl bei den zu erstellenden Dokumenten als auch bei den zu nutzenden Formularen muss sichergestellt sein, dass Zweck und Struktur des Dokuments deutlich werden. Nur wenn dies gelingt, können die Nutzer dazu motiviert werden, die definierten Formulare in vorgesehener Form zielführend zu nutzen.

- Die Struktur der Datenablage sollte bereits im Projekthandbuch festgehalten werden.
- Eine hundertprozentige Digitalisierung der Projektunterlagen ist anzustreben. Dies gilt umso mehr, wenn die Projektmitarbeiter räumlich voneinander getrennt arbeiten.
- Formulare reduzieren den Aufwand in der Projektarbeit, erleichtern die Einhaltung von Mindeststandards und vereinfachen den Zugang zur Dokumentation.
- Unrealistische Vorgaben laufen in der Praxis oft dem Ziel einer guten, durchgängigen Dokumentation zuwider. Praktikable und angemessene Standards sollten angestrebt werden.

KERNAUSSAGEN UND HANDLUNGSEMPFEHLUNGEN

6.7 Infrastruktur

> Herr Felix überlegt, welche IT- und Raumausstattung notwendig ist, damit das Projekt FlexVelo reibungslos starten und ablaufen kann. Welche Hard- und Software sind empfehlenswert? Welche Programme sollte das Projektteam sinnvollerweise verwenden? Wie werden Schulungen und Support sichergestellt? Wer benötigt welche Zugänge zu Räumen und Netzwerken?
> Nicht zu vergessen sind die Räumlichkeiten für die Projektarbeit. In welchen Räumlichkeiten soll das Projekt stattfinden und wie müssen diese ausgestattet sein? Wie können die Räume optimal gestaltet werden, damit vielfältige Aufgaben im Projekt gut durchgeführt werden können?

ANTWORTEN IN DIESEM KAPITEL

- Wie kann eine Projekt-Infrastruktur aussehen?
- Welche sind die wichtigsten Softwaresysteme des Projektmanagements?
- Wie sollten Projekträumlichkeiten ausgestattet sein?

6.7.1 Wie kann eine Projekt-Infrastruktur aussehen?

ITK-INFRASTRUKTUR

Projekte benötigen eine zuverlässige und geeignete Infrastruktur, einen Unterbau, der die Projektarbeit erleichtert. Besonders wichtig sind in diesem Zusammenhang Informations- und Telekommunikationstechnologien (ITK-Infrastruktur) sowie Projekträumlichkeiten.

FRÜHZEITIGE AUSREICHENDE VERFÜGBARKEIT

Die ITK-Infrastruktur des Projekts umfasst die Bereiche Hardware, Software, Netzwerk (Intranet und Internet) sowie Telefonie. Wichtig ist eine frühzeitige ausreichende Verfügbarkeit. Dies kann u. a. Endgeräte für das Projektteam umfassen; so etwa Telefone und PC-Plätze. Zunehmend bringen Projektmitarbeiter ihre eigenen Endgeräte und teilweise auch Software-Systeme und Netzzugänge in Form von Notebooks, Tablets und Mobiltelefonen mit. Auch in diesem Fall bedarf es einer angemessenen Infrastruktur. Arbeitsplätze ohne Stromversorgung, Drucker, Netzwerkzugang (WLAN/LAN) können auch in diesen Fällen noch Hindernisse für eine schnelle produktive Aufnahme der Arbeit darstellen.

In vielen Fällen sind eine Zugangserlaubnis zu Räumlichkeiten (Schlüssel, MA-/Gast-Ausweis) und der Zugang zu einem lokalen Firmennetz (User) wichtige Voraussetzungen, um optimal arbeiten zu können.

ZUGANGS-ERLAUBNIS SICHERSTELLEN

Schließlich ist der schnelle Aufbau von Applikationen und Systemen zur gemeinsamen Speicherung und Erstellung von Projektinhalten (vgl. Kapitel „Projektdokumentation", Seite 129) eine weitere wichtige Voraussetzung für gute Projektarbeit.

Ebenso sollte ein angemessener Support zur Verfügung stehen und die Projektmitarbeiter wissen, an wen sie sich im Fall eines technischen Fehlers oder einer Frage wenden können.

ANGEMESSENER SUPPORT

Sicherheit muss aber auch für die IT-Systeme im Hinblick auf Vertraulichkeit, Verfügbarkeit und Integrität gewährleistet sein. Für einen verantwortungsbewussten Umgang mit Daten ist es erforderlich, technische und soziale Sicherheitsstandards zu entwickeln (Passwörter, Antiviren-Programme, Verhaltensregeln etc.). Vielfach sind es nicht technische Schwierigkeiten, die zu Problemen beim Datenschutz führen. Hier sind Regelungen und Vereinbarungen (Verschwiegenheitsklauseln) und organisatorische Maßnahmen wichtig (Schulungen, Rückmeldungen bzgl. Umgang mit IT, Passwörtern etc.).

INTEGRITÄT UND VERTRAULICHKEIT

Der Prozess, Zugang zu Räumen und Netzwerken zu erhalten, ist oft sehr zeitaufwändig. Teilweise müssen Räume zu einer bestimmten Uhrzeit abends verlassen werden. Diese und andere Fragen spielen in der Praxis eine unerwartet große Rolle und sollten frühzeitig adressiert werden.

RECHTZEITIGE VERFÜGBARKEIT SICHERSTELLEN

6.7.2 Welche sind die wichtigsten Softwaresysteme des Projektmanagements?

Damit ein Projekt systemseitig gut unterstützt wird, kommen die unterschiedlichsten Softwaresysteme zum Einsatz. Es hängt von der Größe des Projekts ab, welche Kombinationen sinnvoll sind. Auch die Vorkenntnisse der Projektmitarbeiter sollten Berücksichtigung finden. Wenn sich in einem Unternehmen bestimmte Systeme etabliert haben, sollte bedacht werden, inwieweit darauf zurückgegriffen werden kann, statt alle Mitarbeiter im Umgang mit neuen Systemen zu schulen. Nachfolgend sind Softwaresysteme aufgeführt, die in der Praxis eine wichtige Rolle spielen:

UNTERSCHIEDLICHSTE SOFTWARE-SYSTEME

Durchführen – die operative Projektarbeit

- Office-Systeme (bspw. MS Office, Apache OpenOffice, Libre Office),
- Projektmanagement-/Projektplanungs-Tools (bspw. MS-Project oder GanttProject),
- Projektfinanzbuchhaltung und -controlling (bspw. SAP),
- Groupware (bspw. Outlook, BSCW),
- Content-Management-/Dokumentenmanagement-/Datei-Ablage-Systeme (bspw. Sharepoint, OwnCloud, Dropbox, Jive),
- Blogs (bspw. Serendipity oder Wordpress),
- Wikis (bspw. MediaWiki oder Confluence).

Folgende Entscheidungen sind in diesem Zusammenhang u. a. zu treffen:

- Welche IT-Werkzeuge und -Services unterstützen die Projektarbeit am besten?
- In welchen Systemen finden sich die Teammitglieder schnell und sicher zurecht?
- Welche Systeme lassen sich am besten miteinander kombinieren?
- Bei welchen Datei-Ablagestrukturen und Dateinamen finden sich alle Beteiligten am schnellsten zurecht?
- Wie sieht ein intelligentes Versionierungskonzept aus?

IT-INFRA-STRUKTURELLE VORAUS-SETZUNGEN

Eine besondere Herausforderung besteht darin, die genannten IT-infrastrukturellen Voraussetzungen schnell zur Verfügung zu stellen. In der Praxis benötigt deren Bereitstellung zumeist längere Vorlaufzeit. Diese Aspekte sehr früh im Projektaufbau zu adressieren, ist eine wichtige Aufgabe der Projektleitung, da andernfalls unnötige Zeiten geringer Produktivität und Frustration drohen.

INFRASTRUKTUR PROJEKTEXTERNE

Denken Sie frühzeitig an genügend Steckdosen und Internetzugänge für externe Projektmitarbeiter und Gäste (WLAN).

Herr Felix bespricht mit dem stellvertretenden Projektleiter Herrn Stark und dem IT-Leiter Herrn Hansen die notwendige Infrastruktur für den Start des Projekts FlexVelo. Da das Projekt in den Räumlichkeiten der ProVelo stattfinden kann, wird sinnvollerweise die Infrastruktur der Firma genutzt. So gibt es bereits Projekträume mit PCs und Telefonen, auch das vorhandene Netzwerk kann genutzt werden. Lediglich ein paar zusätzliche Rechner werden bereitgestellt, zudem sollen einige veraltete Geräte durch neuere ersetzt werden. Den Support können die vorhandenen Mitarbeiter der IT-Abteilung leisten und bei der Projektsoftware entscheidet sich Herr Felix für die langjährig etablierten und den Projektmitarbeitern bereits bekannten Programme der ProVelo.

Herr Felix vereinbart mit Herrn Hansen, dass die Ausstattung der Projekträume bis spätestens Anfang März fertig ist. Das Content-Management-System der ProVelo dient auch für das Projekt FlexVelo als zentrale Drehscheibe für Information, Dokumentation und Zusammenarbeit. Dort werden alle Formulare zur Verfügung gestellt und die Projektarbeit dokumentiert.

Da auch verschiedene Externe in das Projekt eingebunden werden sollen, werden ausreichend Gast-Arbeitsplätze mit entsprechenden Zugangsberechtigungen und Support vorgesehen.

6.7.3 Wie sollten Projekträume ausgestattet sein?

Anzahl und Ausstattung der Projekträume stellen wichtige Faktoren in der Projektarbeit dar. Dies sollte bei der Planung frühzeitig berücksichtigt werden. Wenn Projektmitarbeitern keine vernünftigen Arbeitsplätze zur Verfügung stehen, können sie keine optimalen Leistungen erbringen. Oft herrscht Raumknappheit und es werden Kompromisse eingegangen, die sich i. d. R. nicht positiv auswirken. So gibt es Projektmitarbeiter, die nur einen Teil ihrer Arbeitszeit in das Projekt einbringen und aus Platzmangel die Projektarbeit an ihrem normalen Arbeitsplatz erledigen – fernab des Gruppenraums. Dies führt meistens dazu, dass das Tagesgeschäft Priorität bekommt und die Projektarbeit im Zweifelsfall liegen bleibt. Idealerweise sollten nicht nur ausreichend Arbeitsplätze zur Verfügung stehen, sondern unterschiedliche Raum- und Arbeitsplatztypen unterschiedliche Formen der Arbeit unterstützen. In der Praxis werden die dargestellten Räume oft miteinander kombiniert, sodass ein Raum für mehrere Nutzungsarten ausgestattet ist (Abbildung 40).

UNTERSCHIEDLICHE RAUM- UND ARBEITSPLATZTYPEN

Durchführen – die operative Projektarbeit

Projektraumtyp	Anzahl Personen	Ausstattung	Zweck
Projektraum	vom Projektkonzept abhängig	PC-Arbeitsplatz, Dockingstation für Notebooks, Besprechungsstühle auf Rollen, Besprechungstische als Arbeitstische, Weißwandtafel, Flipcharts etc.	tägliche Projektarbeit
Workshop- und Gruppenbesprechungsraum	8-12	Umlaufendes Wandschienensystem, flexible Tische und Stühle, Pinnwände, Flipcharts, Weißwandtafeln	gemeinsam Ergebnisse erarbeiten und visualisieren
War Room (Obeya)	8-12	Moderationsmaterialien, Beamer	räumliches Zentrum des Projektmangements
Kreativraum	4-15	keine technische Ausstattung, Pinnwände, Flipcharts, Weißwandtafeln, Stehtische, Loungemöbel etc.	Ideen fördern
Besprechungsecke	1-4	Stehtische, Pinnwand, Getränke	informelle Meetings
Versammlungs- und Vortragsraum	20-40	profesionelle technische Ausstattung, flexibles Mobiliar	Präsentation, Visualisierung, Schulung

Abbildung 40: Übersicht Projektraumtypen

PROJEKTRAUM   In Projekträumen können die Projektmitarbeiter einzeln oder in kleinen Teams ungestört ihre Projektaufgaben erledigen. Die Ausstattung sollte für jeden einen PC-Arbeitsplatz bzw. eine Dockingstation für Notebooks bieten. Auch Netzzugang bspw. per WLAN und Drucker sollten zur Verfügung stehen. Die Besprechungstische dienen zugleich als Arbeitstische und die Besprechungsstühle sollten mit Rollfüßen ausgestattet sein, sodass man sich bei Bedarf flexibler von einem Arbeitsplatz zum anderen bewegen oder sich leichter mit den Arbeitspartnern austauschen kann. Wandschienensysteme bzw. Weißwandtafeln sind von Vorteil, um zentrale Informationen zu veranschaulichen.

Hier können auch Arbeitsergebnisse bspw. Flipcharts, mobile Moderationswände etc. aufgestellt werden, damit sie den Projektmitarbeitern bei ihrer täglichen Arbeit in Reichweite zur Verfügung stehen.

WORKSHOP- UND GRUPPENBESPRECHUNGSRAUM   Im Workshop- und Gruppenbesprechungsraum lassen sich gemeinsam Ergebnisse entwickeln und visualisieren. Für diesen Zweck eignen sich bspw. umlaufende Wandschienensysteme, Whiteboards oder mobile Moderationswände, Flipcharts und Tagungstechnik (Beamer etc.). Der Raum sollte Platz für acht bis zwölf Personen bieten.

Meist werden derartige Räume auch für Videokonferenzen und Schulungen genutzt. Für diese Zwecke sollten sie mit flexiblem Mobiliar (Seminartische auf Rollen, stapelbare Seminarstühle) und Konferenzsystemen ausgestattet und Moderationsmaterialien (Moderatorenkoffer etc.) verfügbar sein. Da diese Räume oft flexibel und von verschiedenen Gruppen, bspw. Teilprojekten genutzt werden, kann es notwendig sein, die Arbeitsergebnisse nach Raumnutzung wieder zu entfernen und bspw. am Arbeitsplatz aufzustellen.

In großen Projekten hat sich der sog. *War Room* (Obeya) als besonders wertvoll erwiesen. Hier werden Projektplanung, Status, Hindernisse etc. aus den Teilprojekten und fürs Gesamtprojekt visualisiert sowie Abstimmungen und weitere Planungen etc. realisiert. An diesem Ort laufen die Fäden der Teilprojekte zusammen. Der Raum bietet Platz für ca. 8–12 Personen und ist mit Moderationsmaterialien, Beamer und vielen (Moderations-)Wänden zum Anbringen großformatiger Pläne und Diagramme ausgestattet. WAR ROOM (OBEYA)

In der Praxis hat es sich als sinnvoll erwiesen, wenn der Obeya in Nähe oder innerhalb der Besprechungs- und Projekträume gelegen ist. Im Gegensatz zu den Besprechungsräumen wird dieser Raum aber nur für den Zweck des Projektmanagements mit Projektplanung und Visualisierung von Fortschritten, Hindernissen etc. genutzt. Entsprechend sollte es möglich sein, Gantt-Diagramme mit Abarbeitungsgrad sowie Projektstrukturpläne etc. dauerhaft auszuhängen. Dies unterstützt den Zweck, im Obeya die Projektbereiche räumlich und visuell zusammenzuführen und transparent zu gestalten.

In Kreativräumen wird bewusst zum Querdenken angeregt. Der Raum sollte offen und freundlich gestaltet sein, um soziale Begegnungen und Kommunikation zu erleichtern. Ein Kreativraum erlaubt Bewegungsfreiheit, vor allem in den Köpfen. Eine gute Wahl sind hier mobile Stehtische, Lounge- und Besprechungsmöbel für kreative Meetings, z. B. Flipcharts und Pinnwände. Aber auch Bastelmaterialien wie Styropor, Pappe, Kleber, Drähte, Stifte etc. dürfen nicht fehlen, damit Ideen nicht nur als Skizzen, sondern auch als simple Prototypen anschaulich gemacht werden können (vgl. Kapitel „Kreativität", Seite 124). KREATIVRAUM

Durchführen – die operative Projektarbeit

BESPRECHUNGS-ECKE

Besprechungsecken bieten sich an für schnelle Meetings und informelle Treffen im kleinen Rahmen. Hier sind Stehtische oder Loungemöbel wie Sessel zu bevorzugen, die als Kommunikationsinseln dienen. Ob eine kleine Kaffeerunde oder eine kurze Entspannungszeit – Arbeiten im Stehen oder im sehr entspannten Sitzen bietet gegenüber dem traditionellen Arbeiten am Schreibtisch ein interessantes Arbeitsgefühl.

VERSAMMLUNGS-/VORTRAGSRAUM

Der Versammlungs-/Vortragsraum ermöglicht es, Informationen auch an eine größere Zahl von Teilnehmern zu transportieren bzw. Versammlungen vieler Personen abzuhalten (heute oft auch als „Town Hall Meeting" bezeichnet). Der Vortragsraum ist für eine größere Anzahl Teilnehmer ausgelegt und sollte mehr als 20 Personen fassen. Vorteilhaft ist es, wenn diese Räume ebenfalls mit Videoübertragungs- und Präsentationstechniksystemen ausgestattet sind.

KERNAUSSAGEN UND HANDLUNGS-EMPFEHLUNGEN

- Die Schaffung einer zielführenden ITK-Infrastruktur muss frühzeitig berücksichtigt werden.
- Unterschiedliche Applikationen für unterschiedliche Aufgabenfelder der Projektarbeit müssen zu Anwendungszwecken und Projektmitarbeitern passen.
- Räume für unterschiedliche Aufgabenstellungen sollten in genügender Anzahl und mit der richtigen Ausstattung bereitstehen.

6.8 Change Request Management

Herr Felix überlegt, wie er mit Änderungsanforderungen umgehen soll. Um Verwirrung zu vermeiden, will er im Vorfeld exakt festlegen, wie man Änderungswünsche und Unklarheiten handhabt. Er stellt sich die Frage, wie der Prozess aussehen könnte und wer die Entscheidung darüber treffen soll. Ihm ist auch wichtig, dass alle Konsequenzen dargelegt werden, die die Änderungen in jedem Teilbereich des Projekts verursachen, und dass dies allen Beteiligten klar vermittelt wird.

- Warum ist *Change Request Management* notwendig?
- Wie sollte ein Change-Request-Prozess aussehen?

ANTWORTEN IN DIESEM KAPITEL

6.8.1 Warum ist Change Request Management notwendig?

Selten besteht am Anfang eines Projekts eine eindeutig Vorstellung davon, wie das Endergebnis tatsächlich aussehen soll, schließlich ist ein Projekt per Definition etwas Einmaliges, also noch nicht Dagewesenes – etwas Neues. Folglich ist davon auszugehen, dass sich erst im Projektverlauf abzeichnet, welche Art von Ergebnis im Detail wünschenswert ist und wie man es realisieren könnte. Häufig wird bei den Vorüberlegungen auch etwas übersehen oder ändern sich die Rahmenbedingungen während der Projektlaufzeit, wenn z. B. neue technische Erkenntnisse gewonnen werden. Daher kommt es fast immer zu Änderungen. Änderungsbedarf ist nicht die Ausnahme, sondern die Regel, dies wird in der Praxis meist nicht angemessen berücksichtigt.

ÄNDERUNGEN SIND DIE REGEL

Eine gute Projektplanung zeichnet sich durch ein adäquates Maß an Detailliertheit aus. Zu detaillierte Planung erfordert unnötig viele *Change Requests* (CR). Besser sind weniger Details und deren Planen „auf Sicht". Sinnvoll ist also eine gut durchdachte Langfristplanung, die über den aktuellen Arbeitshorizont hinausreicht. Sehr detaillierte Planungen empfehlen sich erst im Projektverlauf, wenn ein besseres Verständnis für das wünschenswerte Ergebnis erarbeitet worden ist.

ADÄQUATE PLANUNGSTIEFE VERMEIDET UNNÖTIGE CHANGE REQUESTS

Durchführen – die operative Projektarbeit

Change Request Management sollte

- einfach,
- transparent (was ist der aktuelle Stand?) und
- wirtschaftlich

sein.

OCM VS. CR   Nicht zu verwechseln ist das *Change Request Management* mit dem *Organizational Change Management* (OCM), dem Veränderungsmanagement, das auf die Schaffung von Akzeptanz für Veränderungen fokussiert (vgl. Kapitel „Organizational Change Management/Stakeholder-Management", Seite 87).

6.8.2 Wie sollte ein Change-Request-Prozess aussehen?

KONSEQUENZEN DARLEGEN   Änderungsbedarf kann an unterschiedlichen Stellen erkannt werden. Die besondere Herausforderung eines *Change Requests* ist es, die Konsequenzen in allen Bereichen des Projekts zu verstehen. Oft bewirkt eine vermeintlich kleine, einfache Änderung weitreichende Folgen an unerwarteter Stelle. Folglich ist es wichtig, Änderungen der Projektzielsetzung bzgl. aller wichtigen Konsequenzen zu prüfen und die jeweiligen Verantwortlichen und Experten einzubeziehen.

Sobald sich ein Änderungsbedarf abzeichnet, sollten die wichtigsten Daten zur jeweiligen Änderung in einer Änderungsanforderung (Formular) notiert werden – und zwar nach vorher festgelegtem Schema.

CHANGE REQUEST

Eine Änderungsanforderung bezeichnet im Änderungswesen von Projekten einen formalisierten Wunsch nach Veränderung der Eigenschaften eines Produkts oder einer Projektzielsetzung.

Eine Änderungsanforderung sollte folgende Punkte umfassen:

- Beschreibung der Produkteigenschaft, die geändert werden soll,
- Beschreibung der Produkteigenschaft, die geschaffen werden soll,
- die Begründung für die Änderung,
- betroffene Produktversion,
- Datum der gewünschten Umsetzung,
- Datum der Erstellung der Änderungsanforderung,
- Ersteller der Änderungsanforderung,

- eine Kostenschätzung der Änderung (ggf. getrennt nach internen und externen Kosten, Lizenzkosten, Personalkosten usw.),
- einen geschätzten Zeitaufwand für die geforderte Änderung (ggf. getrennt nach Konzeption, Entwicklung, Test usw.),
- Projektname/Nr.,
- Status – in Bearbeitung, genehmigt und beauftragt, abgelehnt, abgeschlossen,
- Unterschrift des Antragstellers.

Jede Änderungsanforderung sollte in einem kontrollierten Prozess bewertet, entschieden und kommuniziert werden. Idealerweise wird die Änderung nach festgelegtem Schema vorgenommen.

Im ersten Schritt müssen die Auswirkungen auf andere zu erbringende Leistungen im Projekt analysiert werden. Hier geht es auch um die Frage, wie sich die Änderung auf Kosten und Termine auswirkt. Erscheint der *Change Request* auch nach Dokumentation und erster Prüfung sinnvoll, so ist oft ein fester Prüfungsprozess vorgegeben, in dem der Änderungsvorschlag auf verschiedenen Ebenen unter Einbeziehung der jeweils betroffenen Fachvertreter diskutiert und bewertet wird. Oft sind differenzierte Change-Request-Prozesse abhängig von der Tragweite der Änderungen vorgesehen. AUSWIRKUNGEN ANALYSIEREN

Wird der Änderungsvorschlag bspw. auf Ebene des Lenkungsausschusses angenommen, so ist es wichtig, dass er bei allen betroffenen Personen bekannt ist und in allen relevanten Dokumentationen berücksichtigt wird. ÄNDERUNGEN BEKANNT MACHEN

Somit müssen die Änderungen nicht nur klar beschlossen werden, sondern auch die Aktualisierung der Projektdokumente muss zeitnah erfolgen. Das bedeutet insbesondere: AKTUALISIERUNG DER PROJEKTDOKUMENTE

- Pull-Dokumente ändern: Wiki, Projektziel, Projektplanungsheft ändern,
- Push-Kommunikation betreiben: Projektmitarbeiter bspw. durch E-Mails, Infotafeln und Meetings über Änderungen und aktuellen Stand informieren.

Durchführen – die operative Projektarbeit

CR VS. MANGEL

In der Praxis besteht mitunter Dissens, ob es sich überhaupt um einen *Change Request* handelt oder nicht vielmehr ein Mangel vorliegt, der durch eine schlecht formulierte oder missverständliche Anforderung hervorgerufen wurde. Dies ist insbesondere dann der Fall, wenn sich Interessenkonflikte zwischen Auftraggeber und Auftragnehmer abzeichnen. Der Auftragnehmer wird i. d. R. für einen *Change Request* argumentieren, vor allem wenn es sich um ein Festpreisprojekt handelt, da für eine klar vom Auftrag abweichende Änderung neues Budget bereitgestellt werden müsste. Der Auftraggeber hingegen wird eher argumentieren, dass sich die Anforderung aus dem bestehenden Auftrag ergibt und die Realisierung lediglich eine Ausgestaltung der Anforderung darstellt.

CHANGE-REQUEST-VERFAHREN ETABLIEREN

Auch ist Change-Request-Verfahren nicht immer definiert und etabliert. *Change Requests* werden teilweise nicht als Normalfall begriffen, weil die Grenzen der Planung nicht immer verstanden werden. Projektzielsetzungen können aber nur sehr selten im Vorhinein sinnvoll exakt und detailliert beschrieben werden. Was sich hingegen unmissverständlich definieren lässt, sind die Verantwortlichkeiten und der Ablauf des Change-Request-Prozesses.

DOWNLOAD ÄNDERUNGS-ANFORDERUNG

Unter www.pm-haus.de/downloads/cr.doc kann ein Vorschlag für ein Änderungsanforderungsformular heruntergeladen und als Vorlage verwendet werden.

Der Arbeitspaketverantwortliche Herr Stein meldet Herrn Felix einen Änderungsbedarf bei den Pedalen. Da es sich bei dem neuen Fahrradtyp um ein Kombinationsrad handelt, stellte sich bei der Entwicklung heraus, dass die Pedale höhere Anforderungen erfüllen müssen als bei anderen Fahrrädern. Es wird ein Pedal benötigt, das die Möglichkeit bietet, den Schuh wie bei einem Rennrad einzuklicken oder ihn frei auf dem Pedal zu belassen.
Kundenworkshops haben gezeigt, dass variable Pedale, auch wenn Sie vorher nicht so spezifiziert wurden, ein unbedingtes Muss für die Kunden sind.
Die Analysen haben ergeben, dass die Beschaffung und Integration dieses neuen Pedaltyps 1 % mehr Projektkosten verursachen und sich das Projekt um vier Wochen verzögern wird. Herr Felix nimmt die Änderungsanforderung entgegen und beruft eine Sitzung mit dem Lenkungsausschuss ein, um zu besprechen, ob die Änderungsanforderung umgesetzt werden soll (Abbildung 41).

Change Request Management

Änderungsanforderung (CR)				
Projektname/Nr.	FlexVelo-Prototyp			
Datum Erstellung Change Request:	30. Juni	Produkt-Version		1.1
Ersteller CR	Herr Stein	Status*		in Bearbeitung
Beschreibung Produkteigenschaft, die geändert werden soll	In der ursprünglichen Planung wurde für die Position Pedale ein Klickpedal ausgewählt.			
Beschreibung der Produkteigenschaft, die hergestellt werden soll	Es wird ein Pedal benötigt, in das Schuhe eingeklickt oder das auch mit normalen Schuhen verwendet werden kann.			
Begründung der Änderung	Da es sich bei dem neuen Fahrradtyp um ein Kombinationsrad handelt, stellte sich bei der Entwicklung heraus, dass auch an die Pedale andere Anforderungen gestellt werden.			

Abbildung 41: Auszug-Change-Request FlexVelo

Das komplette Dokument siehe Kapitel „Ergänzende Informationen und Abbildungen", Seite 194.

Jede Änderungsanforderung sollte in einem kontrollierten Prozess bewertet, entschieden und kommuniziert werden.

Durchführen – die operative Projektarbeit

KERNAUSSAGEN
UND HANDLUNGS-
EMPFEHLUNGEN

- Änderungsbedarf ist nicht die Ausnahme, sondern die Regel! Entsprechend muss die Projektorganisation darauf vorbereitet sein.
- Die Konsequenzen der vorgeschlagenen Änderung müssen von allen Beteiligten in allen Bereichen verstanden werden und alle sind über den letzten gültigen Stand zu informieren.
- *Change Requests* müssen im Prozess und im Ergebnis transparent sein.
- Ein Schema für den Change-Request-Prozess sollte mit Beginn der Projektarbeit etabliert sein. Ein klar definierter Prozess erleichtert allen Beteiligten den Umgang mit der Situation.

7 Steuern – Projektfortschritt überwachen

„Ein Projekt ist dann erfolgreich, wenn alle sagen, dass es erfolgreich ist!"
(unbekannt)

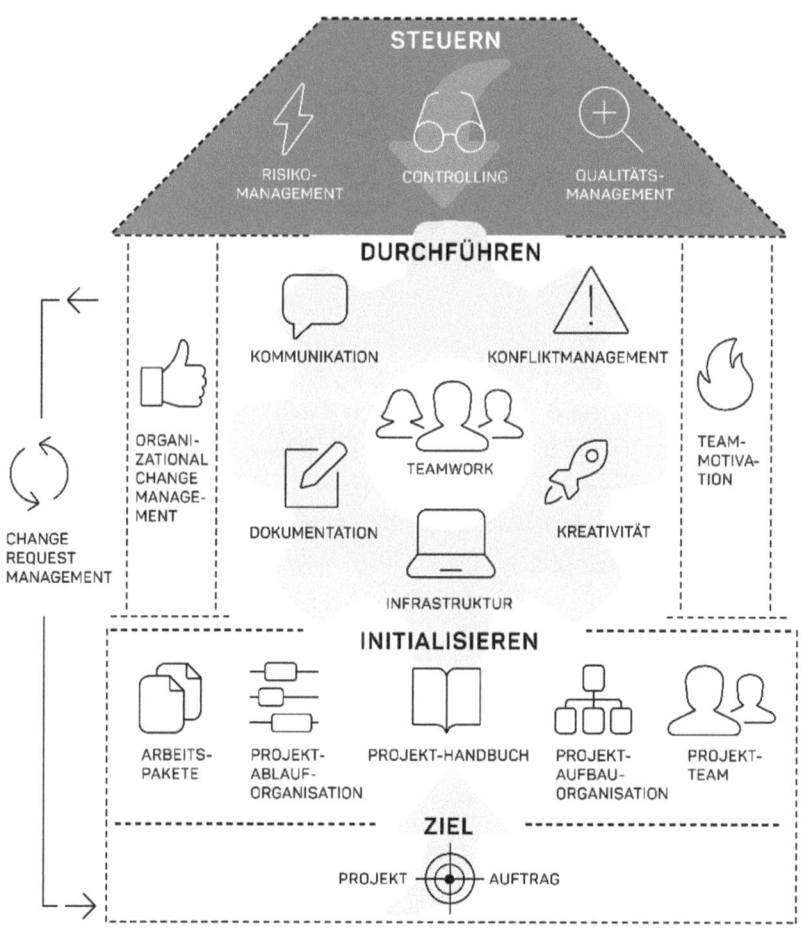

Begleitend zum Projekt muss laufend geprüft werden, ob es noch auf einem guten Weg ist: Entsprechen Kosten und Leistung des Projekts noch der Planung? Stimmt die produzierte Qualität? Welche Risiken bestehen? Diese Fragestellungen werden in den Aufgabenfeldern Projektcontrolling, Projekt-Qualitätsmanagement und Risikomanagement behandelt.

7.1 Controlling

> Herr Felix überlegt, wie er einen effizienten Projektcontrollingprozess für sein Projekt FlexVelo installieren kann. Wie kann er den Projektfortschritt messen und den Budgetverbrauch nachvollziehen? Zu welchen Zeitpunkten ist dies überhaupt sinnvoll? Wer kann ihn dabei unterstützen und welche Befugnisse sind dafür notwendig? Mit der Geschäftsführerin Frau Sommer bespricht er die aufgeworfenen Fragen und erstellt einen Vorschlag für sein Projekt.

ANTWORTEN IN DIESEM KAPITEL

- Welche Aufgaben hat das Projektcontrolling?
- Wie kann der Projektfortschritt bewertet werden?
- Wie können die bisherigen Projektkosten bewertet werden?
- Exkurs: Welche Schwierigkeiten entstehen durch das 90-%-Syndrom und das Studentensyndrom?

7.1.1 Welche Aufgaben hat das Projektcontrolling?

MAGISCHES DREIECK

Projektziele und Projektfortschritt lassen sich in den Dimensionen Qualität (Ergebnis), Zeit (Fertigstellungstermin) und Kosten planen, bewerten und überwachen. Da diese Ziele oftmals in Konkurrenz stehen (bspw. schnellere Fertigstellung zu höheren Kosten für ein überproportional großes Projektteam), wird auch vom „Magischen Dreieck des Projektmanagements" gesprochen (Abbildung 42).

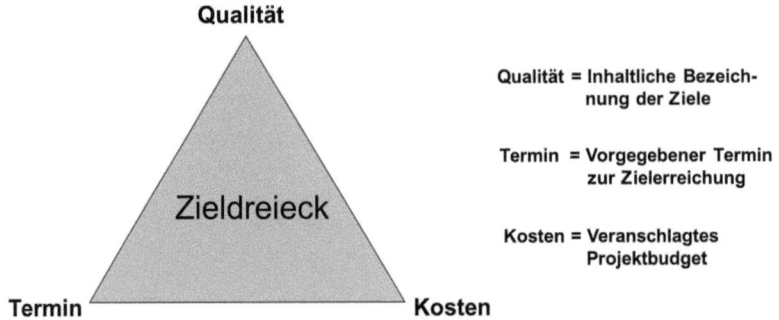

Abbildung 42: Magisches Dreieck: Qualität–Zeit–Kosten

Das Magische Dreieck verdeutlicht die Konkurrenz der drei Zielkategorien. So wird beispielsweise angenommen, dass eine beschleunigte Projektabwicklung zulasten der Kosten (das Projekt wird teuer) oder der Qualität (der Ergebnisumfang muss reduziert werden) geht. Auch wenn dies nicht immer so zutrifft (vgl. „Brook's Law" Seite 72), skizziert das magische Dreieck grundlegende Herausforderungen des Projektmanagements.

QUALITÄT ZEIT KOSTEN

Die Planung von Kosten, Zeit und Terminen, wie sie im Projektstrukturplan, der Ablaufplanung und der resultierenden Budget- und Kostenplanung dokumentiert ist, stellt die Grundlage des Projektcontrollings dar (vgl. Abschnitt „Wie hängen Projektstruktur-, Ablauf-, Budget- und Kostenplan zusammen?", Seite 51, und Abbildung 12, Seite 52). Das Projektcontrolling stellt Planung und tatsächlichen Fortschritt im Projekt gegenüber, deckt Lücken und Widersprüche auf und leitet ggf. Handlungsempfehlungen ab.

PROJEKTFORT-SCHRITT DARSTELLEN

Wer die Aufgaben des Projektcontrollings übernimmt, muss projektindividuell festgelegt werden. Das Projektmanagementteam ist insbesondere bei größeren Projekten vielfach durch andere Aufgaben gebunden und nicht in der Lage, diese Aufgabe angemessen wahrzunehmen. In derartigen Fällen empfiehlt sich eine getrennte Rolle bzw. ein getrenntes Team, das die Projektleitung auf diesem Gebiet unterstützt.

Steuern – Projektfortschritt überwachen

Typische Aktivitäten des Projektcontrollings illustriert Abbildung 43.

Abbildung 43: Aufgaben des Projektcontrollings

REGELMÄẞIGE ANALYSE
Die Frage „Was ist bei der Projektbearbeitung tatsächlich geschehen?" ist vom Projektcontrolling regelmäßig zu beantworten. Dazu werden Daten erhoben und in Beziehung zur Planung gesetzt: Arbeitspakete (PSP-Elemente), Gantt-Diagramme und Kostenplanung werden mit dem tatsächlichen Verlauf abgeglichen. Dabei geht es um die Gesamtheit der Projektparameter, also nicht nur um Kosten, sondern insbesondere auch um Projektfortschritt, Qualität der Ergebnisse, erkennbare Probleme für den weiteren Projektverlauf etc.

NICHT NUR AUF MONETÄRE ASPEKTE KONZENTRIEREN
Oft fokussiert das Projektcontrolling vor allem auf bisherige Kosten. Diese sind zwar wichtig und vor allem eindeutig zu beziffern, stellen aber nur einen Teilaspekt des Controllings dar. Gutes Projektcontrolling berücksichtigt Aspekte wie tatsächlichen Projektfortschritt, Qualität der bisherigen Ergebnisse etc. genauso wie Kostenaspekte.

Wie dargestellt fußt das Projektcontrolling auf einer aussagekräftigen Planung und der Erhebung des Ist-Zustands. Daher sollte es zunächst die Planung auf Aussagekraft, Umsetzbarkeit und Widerspruchsfreiheit überprüfen. Gegebenenfalls sollten Lücken und Defizite angesprochen werden. Wie immer gilt es dabei, mit Augenmaß vorzugehen. Übertriebene Ansprüche bergen die Gefahr, angesichts des hohen Aufwands und der Komplexität an den eigenen Maßstäben zu scheitern, und führen zudem schnell zu Akzeptanzverlust.	VORGEHEN BEIM PROJEKTCONTROLLING
Parallel zur Sichtung der Projektplanung müssen die Voraussetzungen für die Erhebung des Ist-Zustands geschaffen werden. Hier sind zwei Aspekte von besonderer Bedeutung: Projektfortschritt und Ressourcenverzehr.	VORAUSSETZUNGEN SCHAFFEN
Der qualitative Fortschritt (die Produktentwicklung) sollte mithilfe von Statusberichten erfasst und ausgewertet werden. Projektstatusberichte gewähren der Projektleitung einen Eindruck vom allgemeinen Stand der Arbeiten, vom Fortschritt und Entscheidungsbedarfen. Über Statusberichte wird neben der Entwicklung der einzelnen Arbeitspakete auch die Gesamtsituation vielfach nach der Ampelmethodik bewertet (Grün – alles in Ordnung; Gelb – Abstimmungsbedarf, Probleme könnten sich anbahnen; Rot – dringender Handlungsbedarf). Projektstatusberichte werden meist pro Teilprojekt verfasst, zusätzlich ist ein aggregierter Bericht für das Gesamtprojekt empfehlenswert.	PROJEKTFORTSCHRITT FESTSTELLEN

> Herr Felix hat den aktuellen Projektstatusbericht zusammengestellt (Abbildung 44). Dafür hat er von den Teilprojektleitern Informationen eingefordert. Den Gesamtbericht leitet er an die Geschäftsleitung weiter.

Steuern – Projektfortschritt überwachen

Projektstatusbericht			
Projekt:	FlexVelo	**Projektleiter:**	Herr Felix
Erstelldatum:	1. Juli	**Berichtszeitraum:**	Mai-Juni

Gesamtbewertung 🚦

Das Projekt FlexVelo ist grundsätzlich im Plan. Abweichungen sind noch im akzeptablen Rahmen.
Das technische und betriebswirtschaftliche Grobkonzept wurden fristgerecht erstellt.
Mit der Entwicklung des Prototyps wurde termingemäß begonnen.
Auf die Verwendung eines Karbonrahmens wurde verzichtet, da es keine konkrete Zusage über den Liefertermin gegeben hat. Das dadurch entstehende Risiko war zu hoch.
Im Teilprojekt Schaltung drohen kritische Verzögerungen durch die verspätete Verfügbarkeit des Teststands. Die Nutzung eines externen Teststands kann hier Abhilfe leisten (siehe Entscheidungsvorlage).

Teil-Projektstatusbericht „Rahmen"

Aktivität/Aufgabe Arbeitspakete	Verantwortlicher	Status (Fertigstellung in %)	Anmerkung	Status (Ampelsignal)
Material auswählen	Hr. Stein	100	Verzicht auf Karbon	grün 🚦
Konstruktionsplan erstellen	Hr. Ott	80	Die Konstruktionsplanung ist erstellt, die Prüfung verzögert sich, da Mitarbeiter krank	gelb 🚦

Abbildung 44: Auszug Projektstatusbericht FlexVelo

Das komplette Dokument siehe Kapitel „Ergänzende Informationen und Abbildungen, Seite 195.

PROJEKT-STATUSBERICHT

Unter www.pm-haus.de/downloads/projektstatusbericht.doc kann eine Vorlage für einen Projektstatusbericht heruntergeladen werden.

RESSOURCEN-VERZEHR

Der Ressourcenverzehr (Kosten) muss laufend erfasst werden. Neben der korrekten Darstellung von Kosten für Materialien, externe Dienstleistungen etc., die den jeweiligen PSP-Elementen zuzuordnen sind, müssen die internen Kosten (Personalstunden) korrekt zugeordnet werden. Dies wird bspw. durch eine wöchentliche oder monatliche Arbeitsstundenrückmeldung der Projektmitarbeiter realisiert. Für alle PSP-Elemente (Arbeitspakete) geben die Mitarbeiter den angefallenen Aufwand an.

Es liegt in der Verantwortung des Projektcontrollings, entsprechende Dokumentationsprozesse zu definieren. Zu diesem Zweck müssen die entsprechenden Formulare und ggf. IT-Systeme für die Beteiligten bereitstehen, geschult und dokumentiert werden.

Neben der schriftlichen Abfrage von Projektfortschritt und Ressourcenverzehr sollten auch persönliche Gespräche, Lenkungsausschuss- und Meilensteinpräsentationen genutzt werden, um ein realistisches Bild vom Projektstatus zu erhalten. Für jedes Projekt ist der passende Mix aufzubauen, bei dem die benötigten Kennzahlen und Informationen möglichst einfach und standardisiert, aber ausreichend aussagekräftig abgerufen werden. *REALISTISCHES BILD*

Im Projekt werden Fortschritt und Kosten laufend ermittelt, indem die Projektmitarbeiter ihre geleistete Arbeit in Form von Stundenzetteln auf die entsprechenden Arbeitspakete bzw. PSP-Elemente rückmelden. Auch Reisekosten sowie Kosten für Raummiete, Büromaterial, Lizenzen und Bewirtungen werden für alle Arbeitspakete (PSP-Elemente) erfasst. Diese Daten werden mit den geplanten Daten aus der Projektplanung verglichen (Abbildung 45). *LAUFENDES PROJEKT-CONTROLLING*

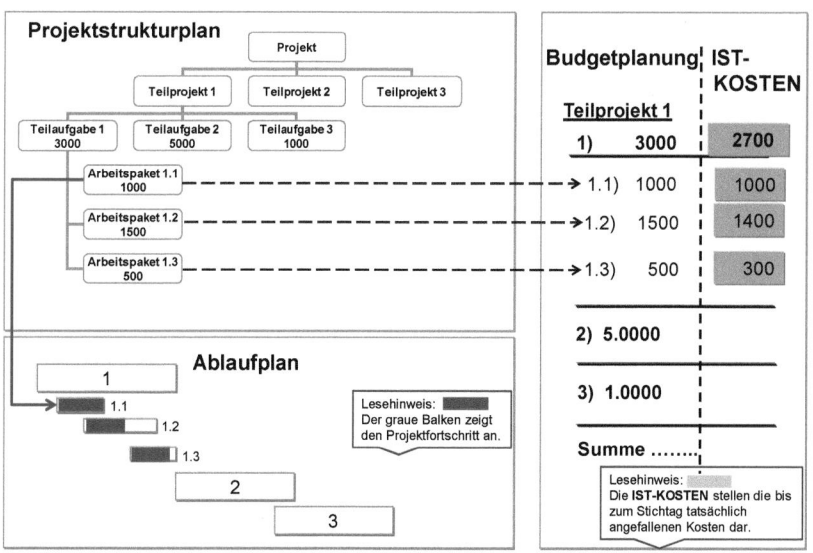

Abbildung 45: Darstellung von Projektfortschritt und Ist-Kosten im Projektverlauf

Abbildung 45 verdeutlicht beispielhaft das Vorgehen der Gegenüberstellung von Plan und Ist.

KOSTEN IM PLAN Im obigen Beispiel ist zum Betrachtungszeitpunkt x im Ablaufplan zu erkennen, dass das Arbeitspaket 1.1 fertiggestellt ist und die Ist-Kosten den Plankosten entsprechen (je 1.000 Euro).

PLAN-
ABWEICHUNG
HÖHERE KOSTEN
Hingegen ist Arbeitspaket 1.2 nur zur Hälfte fertiggestellt, aber die bereits angefallenen Ist-Kosten entsprechen schon fast vollständig den vorgesehenen Plankosten (Plan: 1.500, Ist: 1.400), d. h., es ist wahrscheinlich, dass Arbeitspaket 1.2 das Budget bis zur Fertigstellung deutlich überschreiten wird. Hier besteht also Abstimmungs- bzw. Handlungsbedarf.

PLAN-
ABWEICHUNG
GERINGERE KOSTEN
Arbeitspaket 1.3 ist laut Ablaufplan fast fertiggestellt, wobei die angefallenen Ist-Kosten mit 300 Euro deutlich niedriger ausfallen als die geplanten Kosten von 500 Euro.

ABWEICHUNGEN
ANALYSIEREN
In beiden Fällen (1.2 und 1.3) gilt es zu klären, wieso es zu diesen Abweichungen gekommen ist. Sind Maßnahmen inhaltlicher oder planerischer Natur zu treffen? Liegen den Abweichungen fundamentale strukturelle Fehleinschätzungen zugrunde. Waren bspw. die Schätzungen unrealistisch? Wurden die Ist-Kosten nicht richtig auf die Arbeitspakete verteilt oder sind die Kostenaufzeichnungen nicht vollständig? Gab es Schwierigkeiten im Projektteam etc.?

WIR LIEBEN
ABWEICHUNGEN
Ein wichtiger Erfolgsfaktor guten Controllings ist eine geeignete Kultur des Umgangs mit Abweichungen. Die Identifikation von Abweichungen muss von allen als Chance zur schnellen Ableitung von Gegenmaßnahmen und vor allem zum Lernen verstanden werden. Keinesfalls darf die Angst vor persönlicher Schuldzuweisung zu einer Kultur des Vertuschens und Verschleppens führen. Dem Motto „Wir lieben Abweichungen" folgend muss das Lernen aus Fehlern ein fester Bestandteil dieser Kultur sein.

METHODEN ZUR
BEWERTUNG
In praktisch allen Fällen folgt das Projektcontrolling dem Prinzip der Gegenüberstellung von Plan- und Ist-Zustand. Nachfolgend werden mit der Meilensteintrendanalyse und der Earned-Value-Analyse zwei weiterführende Methoden zur Bewertung von Termin- und Kostensituationen dargestellt.

7.1.2 Wie kann der Projektfortschritt bewertet werden?

Die Meilensteintrendanalyse ist eine Methode des Projektmanagements, um den terminlichen Projektfortschritt zu überwachen. Zwingende Voraussetzung für eine Meilensteintrendanalyse sind eindeutig definierte Meilensteine, deren zeitliche Erreichbarkeit laufend geprüft wird. Auf dieser Basis können strukturelle terminliche Verzögerungen frühzeitig erkannt und Maßnahmen, ggf. Neuplanungen, entwickelt werden. In der Meilensteintrendanalyse werden die zu den jeweiligen Abfrageterminen geplanten Meilensteintermine dargestellt (Abbildung 46).

MEILENSTEIN-TRENDANALYSE

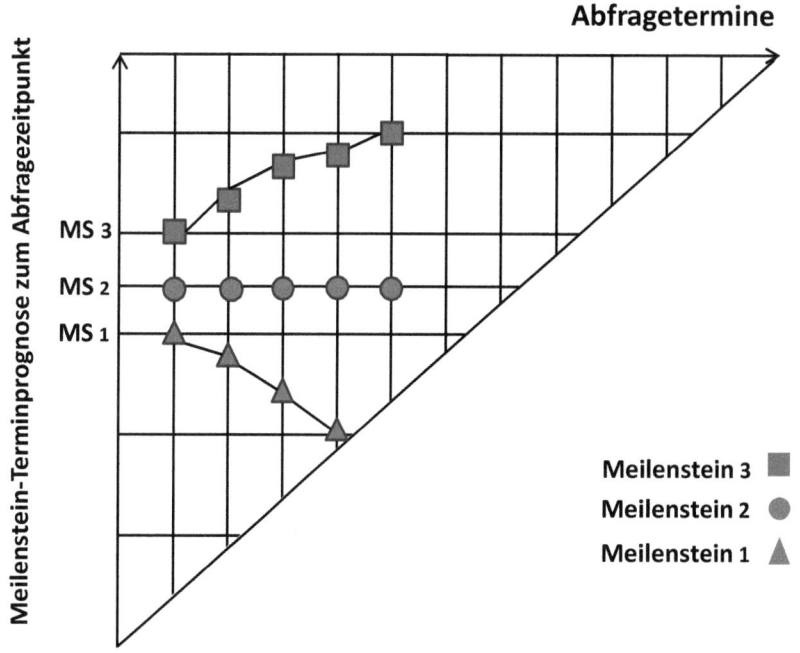

Abbildung 46: Schematische Darstellung einer Meilensteintrendanalyse

Steuern – Projektfortschritt überwachen

Die Abbildung zeigt für jeden Meilenstein ein Verlaufsmuster. Drei Zeitkurven sind zu unterscheiden:

- Waagerechter Verlauf: Der ursprüngliche Termin bleibt stabil. Die Planung scheint realistisch (in Abbildung 46 Meilenstein 2).
- Ansteigender Verlauf: Der ursprüngliche Termin wird überschritten, „nach hinten verschoben" (in Abbildung 46 Meilenstein 3).
- Fallender Verlauf: Der ursprüngliche Termin wird unterschritten, „schneller erreicht" (in Abbildung 46 ‚Meilenstein 1).

Wird die 45°-Linie erreicht (Diagonale des Dreiecks), ist der entsprechende Meilenstein realisiert – das letzte Plandatum und das Abschlussdatum haben sich getroffen.

Die Meilensteintrendanalyse zeigt in anschaulicher Weise, ob die Termine voraussichtlich eingehalten werden bzw. wurden oder Verschiebungen auf eine unzuverlässige Planung hindeuten.

Herr Felix bespricht im Juli mit Herrn Stark die Meilensteintrendanalyse des FlexVelo-Projekts, die er einmal pro Monat durchführen lässt. Die Darstellung basiert auf folgender Beobachtung.
Meilenstein 1: Grobkonzept fertiggestellt
Meilenstein 2: Projektpartner (Reifenentwicklung) ausgewählt
Meilenstein 3: Entwicklung des Prototyps abgeschlossen

Meilenstein-Terminprognose zum Abfragezeitpunkt \ Abfragetermin	März	April	Mai	Juni	Juli
Meilenstein 1 ●	02. Mai	15. Jun	30. Jun	15. Jul	15. Aug
Meilenstein 2 ▲	30. Jun	30. Jul	30. Aug	30. Sep	30. Okt
Meilenstein 3 ■	30. Sep	15. Okt	01. Nov	30. Nov	15. Dez

Controlling

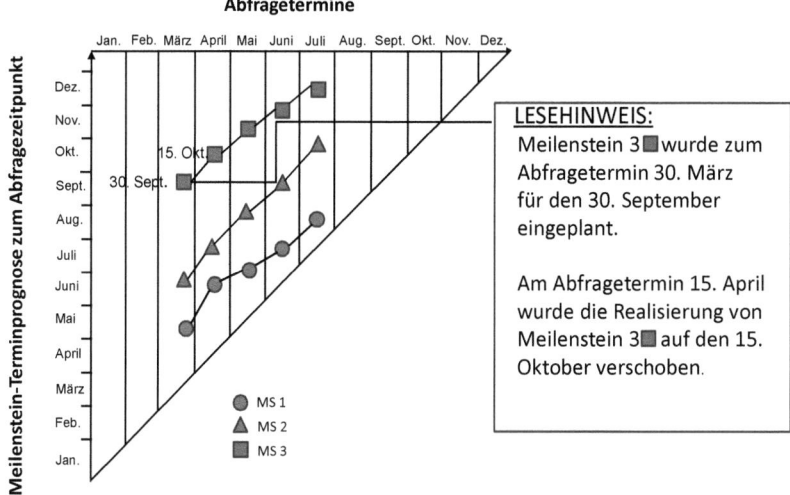

Abbildung 47: Auszug Meilensteintrendanalyse FlexVelo

Herr Stark und Herr Felix erkennen, dass alle Meilensteine des Projekts im Zeitverlauf immer weiter nach hinten verschoben wurden. Dies lässt befürchten, dass auch die aktuelle Planung nicht realistisch ist und ein grundlegender Fehler im Planungsprozess vorliegt.
Herr Stark und Herr Felix diskutieren, wie es dazu kommen konnte. Wird evtl. ein falscher Druck zur Abgabe von zu optimistischen Planungsdaten ausgeübt? Liegen strukturelle Fehler bei der Planung vor? Ist die Unterstützung der Projektteams nicht ausreichend?
Herr Felix ist sehr besorgt. Er nimmt sich vor mit allen Beteiligten individuelle Gespräche zu führen, um den Dingen auf den Grund zu gehen. Anschließend wird es ein Teammeeting geben. Es wird geprüft, inwieweit weitere Schulungs- und Coachingmaßnahmen zu einer besseren und realistischeren Planung führen können. Auch soll die aktuelle Planung noch einmal grundlegend hinterfragt werden, um ggf. Maßnahmen abzuleiten.
Trotz der erkannten Defizite ist Herr Felix froh, frühzeitig auf die Meilensteintrendanalyse gesetzt zu haben, da er zuversichtlich ist, dass sich die Probleme zum jetzigen frühen Zeitpunkt noch gut lösen lassen.

Steuern – Projektfortschritt überwachen

7.1.3 Wie können die bisherigen Projektkosten bewertet werden?

EARNED-VALUE-ANALYSE

Die Earned-Value-Analyse, auch als Fertigstellungswertmethode oder Arbeitswertmethode bezeichnet, stellt die geplanten Kosten den tatsächlichen Kosten unter Berücksichtigung des Projektfortschritts gegenüber. Auf diese Weise erlaubt sie, ein Verständnis zum aktuellen Stand des Projekts zu entwickeln.

Ein Beispiel veranschaulicht die Vorgehensweise der Earned-Value-Analyse: Zum Betrachtungszeitpunkt sind für das Arbeitspaket 4711 Ist-Kosten in Höhe von 80 000 Euro entstanden. Die Planung sieht für den Betrachtungszeitpunkt Kosten von 100 000 Euro vor („Plan-Kosten") (vgl. Tabelle 3 und Abbildung 48). Demnach sind zum Betrachtungszeitpunkt 20 000 Euro Kosten weniger angefallen als vorgesehen.

	Plan-Kosten	Ist-Kosten
Arbeitspaket 4711	100.000 €	80.000 €

Tabelle 3: Plan- und Ist-Kosten im Arbeitspaket 4711 zum Betrachtungszeitpunkt

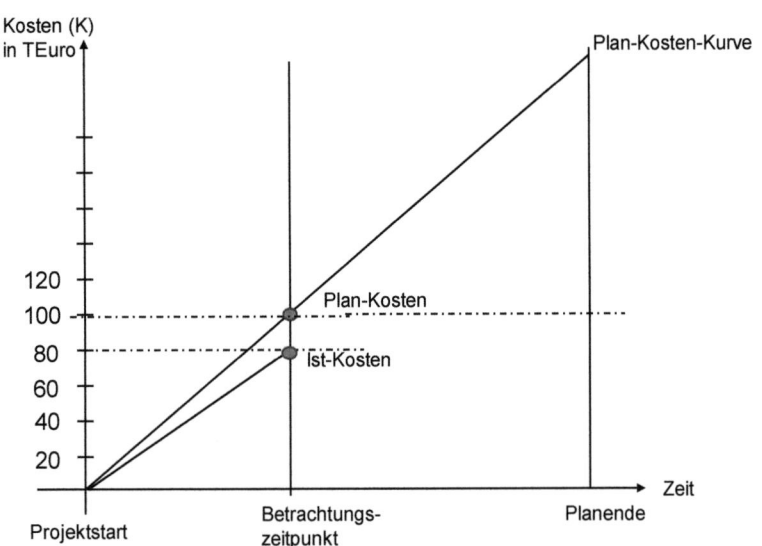

Abbildung 48: Plan- und Ist-Kosten im Arbeitspaket 4711 zum Betrachtungszeitpunkt

Die so durchgeführte Gegenüberstellung ist in der täglichen Praxis des Projektmanagements oft die erste Näherung, um den Status quo zu bewerten. Allerdings kann das ermittelte Ergebnis in einigen Konstellationen trügerisch sein, da der Projektfortschritt (z. B. der Stand der Produktentwicklung) noch nicht in die Betrachtung eingeflossen ist, wie das fortgeführte Beispiel zeigt.

Um den Projektfortschritt angemessen zu berücksichtigen, wird der Fertigstellungsgrad der einzelnen Arbeitspakete ermittelt. Im hier dargestellten Beispiel soll der Fertigstellungsgrad des Arbeitspakets 4711 bei 80 von insgesamt 200 Arbeitseinheiten liegen. Die verbleibende Arbeit beträgt somit 120 Arbeitseinheiten. Der Fertigstellungsprozentsatz ermittelt sich wie folgt:

$$\text{Fertigstellungsprozentsatz} = \frac{\text{erledigte Arbeit}}{(\text{erledigte Arbeit} + \text{unerledigte Arbeit})} = \frac{80}{(80 + 120)} = 40\,\%$$

Im Beispiel beträgt der Fertigstellungsprozentsatz also 40 %. Der Fertigstellungs*wert* wird anhand der Plan-Kosten mithilfe des Fertigstellungsprozentsatzes errechnet.

	Plan-Kosten	Ist-Kosten	Fertigstellung in Prozent	Fertigstellungswert
Arbeitspaket 4711	100.000 €	80.000 €	40%	40.000 €

Bezogen auf die Plan-Kosten von 100 000 Euro ergibt sich für Arbeitspaket 4711 ein Fertigstellungswert von 40 000 Euro. Die Ist-Kosten werden nun dem Fertigstellungswert gegenübergestellt. Die Analyse dieses Beispiels zeigt zwar geringere Ist-Kosten als *geplant*; die Kosten sind aber in Relation zum *Projektfortschritt* zu hoch (Abbildung 49).

Steuern – Projektfortschritt überwachen

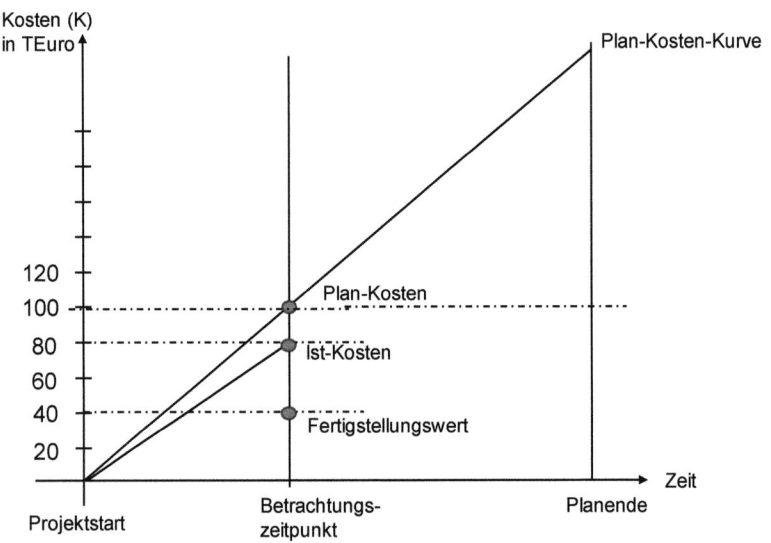

Abbildung 49: Arbeitspaket 4711 mit Fertigstellungswert

BEWERTUNG FERTIGSTELLUNGS-WERT
Der Fertigstellungswert sollte größer oder gleich den Ist-Kosten sein! Hier aber ergibt sich eine Lücke von 40 000 Euro. Die vermeintlich gute Kostensituation (Ist-Kosten < Plankosten) ist de facto nicht vorhanden. Vielmehr liegt der Fertigstellungsgrad hinter dem Plan zurück und die dafür bereits angefallenen Kosten sind auch deutlich über Plan.

EINFLUSS DER DATENQUALITÄT
Diese Ausführungen zeigen, dass die Earned-Value-Analyse eine gute Möglichkeit bietet, den Kostenverlauf in Relation zum Projektfortschritt zu bewerten. Die Qualität der Ergebnisse der Earned-Value-Analyse ist von den einfließenden Daten abhängig. Insbesondere die korrekte Einschätzung des Fertigstellungsgrads einzelner Arbeitspakete stellt in der Praxis eine große Herausforderung dar (vgl. Abschnitt „Exkurs: 90-%-Syndrom und Studenten-Syndrom", Seite 163).

KRITIKPUNKT DER METHODE
Ein weiterer Kritikpunkt an der Earned-Value-Analyse ist die ihr zugrunde liegende Annahme, dass sich Kosten und Leistung proportional entwickeln. Diese Prämisse trifft aber nicht immer zu. Bei der Interpretation der Ergebnisse ist dies zu berücksichtigen.

Faktoren wie zu hohe Komplexität und mangelnde Akzeptanz gefährden in der Praxis die Aussagekraft des Projektcontrollings. Entsprechend gilt es, gut zu überlegen, welche Methoden in welcher Detailliertheit angemessen sind. Zu viele und/oder zu detaillierte Kennzahlen führen schnell zu hohem Aufwand, geringer Akzeptanz und vor allem eher schlechterer als verbesserter Transparenz in Bezug auf die eigentliche Zielsetzung des Projektcontrollings – in diesem Sinne ist hier weniger mehr. Einfache Formen der Visualisierung wie „Task Boards" (auch als „Kanban Boards" bezeichnet) sind einfach zu pflegen und klar in der Aussage. Entscheidender Faktor ist, wie gut der Controllingansatz zum jeweiligen Projekt passt.

EINFACH UND ANGEMESSEN

7.1.4 Exkurs: 90-%-Syndrom und Studenten-Syndrom

Das 90-%-Syndrom beschreibt die Illusion, in einer relativ frühen Phase des Projekts (typischerweise bei einem Fertigstellungsgrad zwischen 30 % und 70 %) das Projektziel fast vollständig erreicht zu haben (zu 90 %). Noch mögliche Störungen und noch auftretende Probleme bei der abschließenden Fertigstellung werden unterschätzt, ebenso der Aufwand für Abschlussarbeiten wie Qualitätssicherung, Überarbeitung, Dokumentation, Training etc., die auch einen wesentlichen Anteil des Projekts ausmachen.

90-%-SYNDROM

Im Ergebnis besteht die Gefahr, dass der Einsatz vieler Projektmitarbeiter nachlässt, weil vermeintlich schon 90 % erreicht sind und man sich gut im Zeitplan wähnt. Der Abschluss verzögert sich und die Kosten steigen unerwartet. Im Nachhinein kommt es so zu Konstellationen, in denen nicht nur die optimistische 90-%-Einschätzung nicht realisiert werden kann, sondern sich Verzögerungen und Kostensteigerungen noch über die ursprüngliche Planung hinaus einstellen.

ABSCHLUSS VERZÖGERT SICH

Zur Reduktion der Gefahr des 90-%-Syndroms sollten alle Teilaufgaben soweit möglich vollständig abgeschlossen werden. Projektleiter sollten hellhörig werden, wenn es heißt: „Das ist praktisch fertig. Da muss nur noch … gemacht werden." Hier sollte auf der Durchführung der abschließenden Arbeiten bestanden werden. Wenn dies nicht möglich ist, sollte genau geprüft werden, was wirklich noch zu tun ist.

TEILARBEITEN VOLLSTÄNDIG ABSCHLIEßEN

STUDENTENSYNDROM ODER „AUFSCHIEBERITIS" (PROKRASTINATION = VERTAGUNG)

Menschen neigen dazu, mit der Bearbeitung von Aufgaben spät zu beginnen. In Projekten bedeutet dieses auch als „Studentensyndrom" bezeichnete Verhalten, dass die Projektmitarbeiter die von ihnen zu erledigenden Aufgaben nach den vorliegenden Endterminen priorisieren und starten. Sie beginnen mit der entschlossenen Bearbeitung erst dann, wenn sie glauben, den Endtermin gerade noch einhalten zu können, anstatt so schnell wie möglich an die Arbeit zu gehen. Dieses Verhalten führt dazu, dass die Zeitpuffer bereits verstrichen sind, bevor überhaupt mit der Arbeit intensiv begonnen wurde, und sich die Terminpläne von Projekten verzögern. Hingegen tritt nur sehr selten der Fall ein, dass ein Arbeitspaket schneller als geplant abgeschlossen wird. Dieser Effekt ist umso ausgeprägter, je weiter der nächste Leistungstermin in der Zukunft liegt.

KLEINE ETAPPEN – GREIFBARE MEILENSTEINE

Um 90-%-Syndrom und Studentensyndrom gleichermaßen entgegenzuwirken, ist es sinnvoll, große Aufgaben in kleine überprüfbare Teile zu zerlegen. Der Projektleiter sollte von Anfang durch die Zerlegung in kleine Einheiten eine realistische Einschätzung der noch anstehenden Aufgaben fördern. Hier helfen Fragestellungen wie: Was kann heute schon getan werden (auch wenn es noch nicht unbedingt nötig ist)? Was werden wir tun, wenn der Schritt, den wir jetzt noch nicht tun können, gemacht ist?

KERNAUSSAGEN UND HANDLUNGSEMPFEHLUNGEN

- Controlling ist mehr als nur Finanzcontrolling!
- Das Projektcontrolling muss die Informationsversorgung durch geeignete Planungen, Abfragen etc. sicherstellen.
- Eine offene Kultur, die Fehler als unvermeidlich anerkennt und Chance zum Lernen begreift, ist die Basis für realistische Planungen und frühzeitige Korrekturen.
- Vorsicht vor dem 90-%-Syndrom – Fortschritt ist oftmals schwierig zu bewerten!

7.2 Qualitätsmanagement

Herr Felix stellt für das Projekt FlexVelo Überlegungen zur Qualität an. Er möchte sie im Verlauf des Projekts gezielt managen. Zu jedem Zeitpunkt sollen Mindeststandards erfüllt werden, denn sowohl die Qualität der Projektarbeit selbst als auch die Ergebnisse müssen stimmen.

- Was ist Qualität?
- Worauf zielt das Qualitätsmanagement ab?
- Welche Aufgaben hat das Qualitätsmanagement?

ANTWORTEN IN DIESEM KAPITEL

Qualität im Projektmanagement hat viele Facetten. Projekte sind komplexe Prozesse, die auf die Erbringung eines zuvor spezifizierten Ergebnisses (Produkt) ausgerichtet sind. Es ist daher notwendig, sowohl die Qualität des Prozesses (Projektverlauf) als auch der Ergebnisse (Projektleistung/Produkt) aktiv zu managen. Qualität kann dabei sehr unterschiedlich interpretiert werden. Deshalb ist im Vorfeld festzulegen, anhand welcher Kriterien der Projekterfolg bewertet werden kann.

7.2.1 Was ist Qualität?

Qualität ist eine allgemein als positiv empfundene Eigenschaft, vor allem aber die Abwesenheit von Fehlern. Dabei kann die Interpretation von Qualität ganz unterschiedlich ausfallen. Solche Bewertungen sind zunächst subjektiv, also nicht immer direkt messbar. Um Qualität systematisch beurteilen zu können, muss das Qualitätsmanagement Messkriterien festlegen.

Qualität betrachtet die Güte und/oder Beschaffenheit einer Einheit (lateinisch *qualis* = ‚beschaffen'). Dabei wird die Übereinstimmung von Ist und vorher definiertem Soll geprüft.
QUALITÄT

7.2.2 Worauf zielt das Qualitätsmanagement ab?

Das Qualitätsmanagement richtet sich im Projektmanagement stets auf zwei Betrachtungsgegenstände, zum einen den Prozess des Projekts und zum anderen die Teilergebnisse samt Endergebnis bzw. Ziel des Projekts (Abbildung 50).

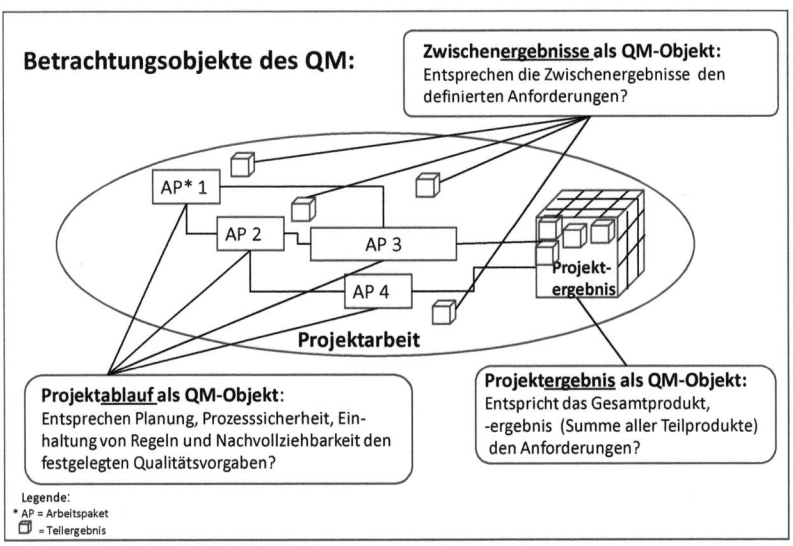

Abbildung 50: Worauf zielt das Qualitätsmanagement ab?

Das aktive Management der Qualität von Projektablauf und Projektergebnis bzw. Teilergebnissen trägt entscheidend zum Projekterfolg bei. Wie wichtig ein frühzeitiges Projekt-Qualitätsmanagement ist, zeigt die 10er-Regel der Fehlerkosten.

10ER-REGEL DER FEHLERKOSTEN
Die 10er-Regel besagt, dass die Kosten zur Beseitigung eines Fehlers (etwa teure Rückrufaktionen) umso höher ausfallen, je weiter ein Fehler unbemerkt bzw. unkorrigiert in die nachfolgenden Phasen des Prozesses oder Produkts vordringt. Die 10er-Regel veranschlagt eine Erhöhung der Folgekosten um den Faktor 10 in jeder Phase, in der der Fehler unentdeckt bleibt (Abbildung 51).

Qualitätsmanagement

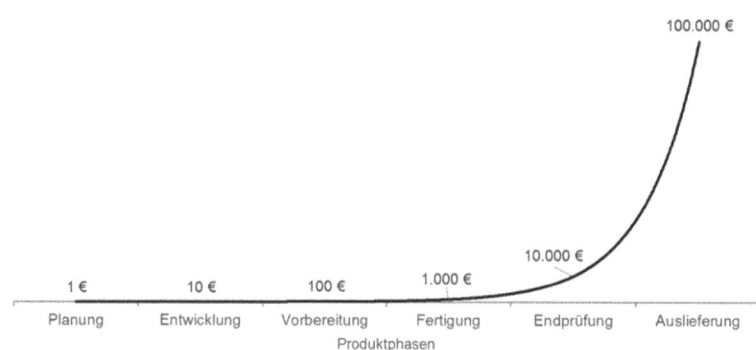

Abbildung 51: 10er-Regel der Fehlerkosten

Je später Fehler identifiziert werden, desto teurer wird deren Behebung! Deshalb muss es Ziel sein, Fehler frühzeitig zu vermeiden und die Ursache(n) identifizierter Fehler zu ermitteln, damit der jeweilige Fehler nicht mehr auftritt.

FEHLER FRÜHZEITIG VERMEIDEN

> In der Testphase des Fahrrad-Prototyps stellt sich heraus, dass der Trinkhalter nicht in Ordnung ist. Flaschen werden nicht zuverlässig gehalten. Nachforschungen ergeben, dass ein Fehler in der technischen Zeichnung übersehen wurde. Der Trinkhalter wurde speziell für den neuen Fahrradtyp designt, doch während der Entwicklung hat niemand die Zeichnung überprüft. Dies hat dazu geführt, dass der Fehler erst in der Testphase entdeckt wurde.
> Eine Überarbeitung in der Design-Phase hätte ca. 10 Stunden am CAD-System bedeutet. Nun müssen die Fertigungsvorrichtungen geändert und die Aufnahme am Rahmen korrigiert werden (ca. 100 Stunden).
> Wäre der Fehler erst nach Anlauf der Fertigung oder sogar nach Auslieferung entdeckt worden, wäre dies nochmals erheblich teurer geworden. Eventuell wäre sogar eine mit entsprechenden Kosten und einem hohen Imageschaden verbundene Rückrufaktion notwendig geworden.

7.2.3 Welche Aufgaben hat das Qualitätsmanagement?

Qualitätsmanagement ist ein integraler Bestandteil des Projektmanagements. Das projektbegleitende Qualitätsmanagement sollte die Qualität des Produkts nicht nachträglich prüfen, sondern vorbeugend dafür sorgen, dass die dem Kunden zugesagte oder vom Markt verlangte Qualität erreicht wird. Ein tadelloses Qualitätsmanagement legt bereits im Vorfeld die Vorgehensweisen für Planung, Lenkung und Verbesserung der Qualität fest (Abbildung 52).

VORBEUGEND ARBEITEN

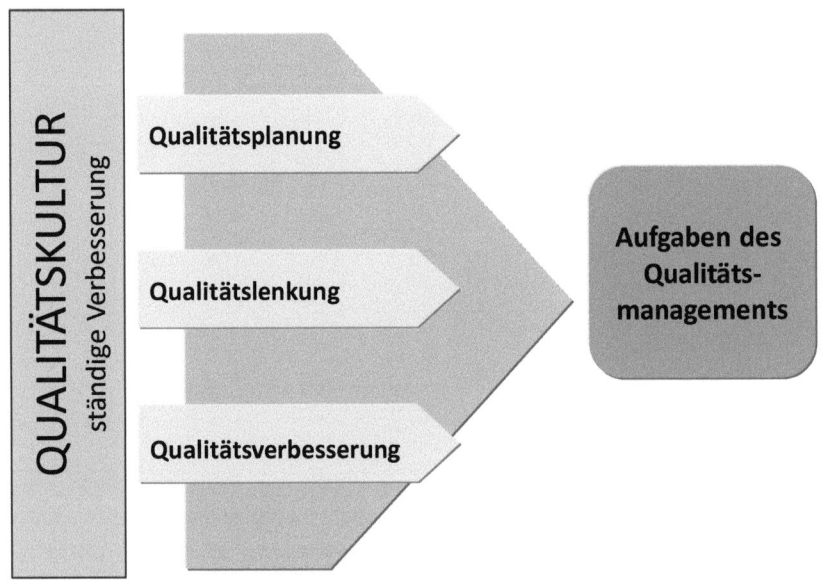

Abbildung 52: Aufgaben des Qualitätsmanagements

QUALITÄTS-PLANUNG
Die frühen Phasen eines Projekts sind ausschlaggebend für die Qualität des Produkts: Qualitätsanforderungen werden bezogen auf die Projektzielsetzung, die Erwartungshaltung der Stakeholder sowie relevante Normen wie Gesetze, Vorschriften etc. festgelegt. Die Qualitätsanforderungen können in dieser Phase noch relativ abstrakt sein. Das Qualitätsmanagement überträgt sie daher in konkrete Anforderungen und Messvorschriften für Projektprozess und Projektergebnis. Auch werden Maßnahmen definiert, um die geforderte Qualität zu gewährleisten.

> Gemeinsam mit dem Team überlegt Herr Felix, welche qualitativen Ansprüche an die Projektarbeit und das Projektergebnis gestellt werden sollen. Für die Projektarbeit definiert das Team sechs Qualitätskriterien, etwa die transparente Form sowie die Zuverlässigkeit von Planung und Dokumentation. Diese allgemeinen Kriterien werden in konkrete Prüfkriterien und -prozesse übersetzt, die den Mitarbeitern eine Orientierung bzgl. der definierten Anforderungen geben. So gibt es bspw. eine Checkliste betreffend die für jede Projektphase zu erstellenden Dokumente.

Für das Ergebnis der Projektarbeit werden ebenfalls Qualitätskriterien festgelegt. Diese betreffen das Fahrrad und seine Komponenten. Auf Basis von Kundenbefragungen, technischen Normen und anderen Inputs arbeitet das Team Prüfkriterien, Vorgabewerte, Toleranzgrenzen und Prüfprozesse aus. So wird bspw. eine Höchstbelastbarkeit bei gewichtigen Radfahrern definiert.
Nach der Definition der Qualitätskriterien werden die vereinbarten Anforderungen im Projekthandbuch dokumentiert sowie entsprechende Schulungen konzipiert und durchgeführt.

Die Lenkung der Qualität beinhaltet Umsetzung und Kontrolle der Produkt- und Prozessqualität. Hier wird überprüft, ob die für das Projekt definierten Prozesse auch in der vorgesehenen Qualität ablaufen, d. h., ob die Projektmitarbeiter den Prozess qualitativ beherrschen. Maßnahmen, um Fehler in den Prozessen zu vermeiden, werden entwickelt.

QUALITÄTS-LENKUNG

Bei Qualitätschecks des FlexVelos werden während der Testproduktionsphase Kratzer im Lack festgestellt. Der verantwortliche Lackierer hat eine Lösung, wie die Kratzer lackiert werden können, damit sie später nicht mehr zu erkennen sind. Herr Felix macht ihn darauf aufmerksam, dass es wichtiger sei, sich die Frage zu stellen, wie es überhaupt zu den Kratzern kommen konnte.
Die Suche nach der Ursache ergibt, dass eine falsche Montagehalterung für die Lackschäden verantwortlich ist. Herr Felix veranlasst die sofortige Korrektur dieser Halterung und kann damit Folgekosten verhindern.

Basis für hohe Qualität im Projektmanagement sind gemeinsame Kriterien, welche Anforderungen mit guter Qualität verknüpft sind. Mithilfe der „Definition of Done" kann durch den Bearbeiter selbst geprüft werden, wann eine Arbeit wirklich abgeschlossen ist. Die „Definition of Done" sollte für das Projektteam allgemein zugänglich und bekannt sein. Ihre kontinuierliche Überprüfung, Aktualisierung und Weiterentwicklung ist gemeinsame Aufgabe von Projektteam und Auftraggeber.

„DEFINITION OF DONE"

Die Qualitätsverbesserung zielt darauf ab, die Qualität von Produkten und Prozessen kontinuierlich zu verbessern. Dazu sind Auswertungen qualitativer und quantitativer Qualitätsinformationen von Nutzen. Zudem sind grundlegende Maßnahmen zu definieren, um gravierende Fehler bereits im Vorfeld auszuschließen. Im Projektumfeld sind entsprechende strukturelle Vorkehrungen zu treffen, die eine gute Qualität unterstützen, z. B. regelmäßige Überprüfungen der Wirksamkeit der Maßnahmen im Rahmen von Reviews. Auch ausreichende Personalkapazitäten sowie motivierte und fachlich gut geschulte Mitarbeiter

QUALITÄTS-VERBESSERUNG

tragen zur Qualitätsverbesserung bei. Als Instrumente kontinuierlicher Qualitätsverbesserung haben sich u. a. Qualitätszirkel, Audits, Reviews, Retrospektiven und Feedback-Runden bewährt.

RETROSPEKTIVEN

Retrospektiven, also Feedback-Runden, bieten eine wertvolle Gelegenheit, aus den bisherigen Projekterfahrungen zu lernen. Vielfach werden Abschlussrunden und Projektreviews immer noch erst zum Abschluss eines Projekts eingeplant (und dann oft nicht konsequent durchgeführt). Regelmäßige Retrospektiven bspw. alle vierzehn Tage stellen sicher, dass das Lernen nicht zu kurz kommt und vor allem schnell Konsequenzen gezogen und Verbesserungen etabliert werden können. Qualitätssteigerung und das Lernen allgemein finden schneller und sicherer statt.

Gemeinsam mit anderen Kollegen überlegt Herr Felix, wie die Qualität noch weiter gesteigert werden kann. Schnell wird deutlich, dass eine Betrachtung, die sich nur auf das FlexVelo-Projekt beschränkt, nicht zielführend ist. Vielmehr werden Maßnahmen entwickelt, die sich auf die gesamte ProVelo sowie ihre Lieferanten und Händler beziehen.

Analysen sollen beleuchten, welche Verbesserungspotenziale bei der Qualität bestehen und wo sich Qualitätsmängel zeigen. Auf Basis dieser Erkenntnisse werden laufend Schulungen und Qualitätszirkel durchgeführt. Übergeordnetes Ziel aller Maßnahmen ist es, eine gemeinsame Qualitätskultur zu entwickeln. Dabei wirken Maßnahmen in den verschiedenen Projekten und Abteilungen synergetisch zusammen und berühren so die gesamte ProVelo.

Einen zusammenfassenden Überblick über die Handlungsfelder des Projekt-Qualitätsmanagements liefert Abbildung 53. Ein kontinuierlicher Verbesserungsprozess soll angestoßen werden, um auch für Folgeprojekte zu lernen.

Qualitätsmanagement

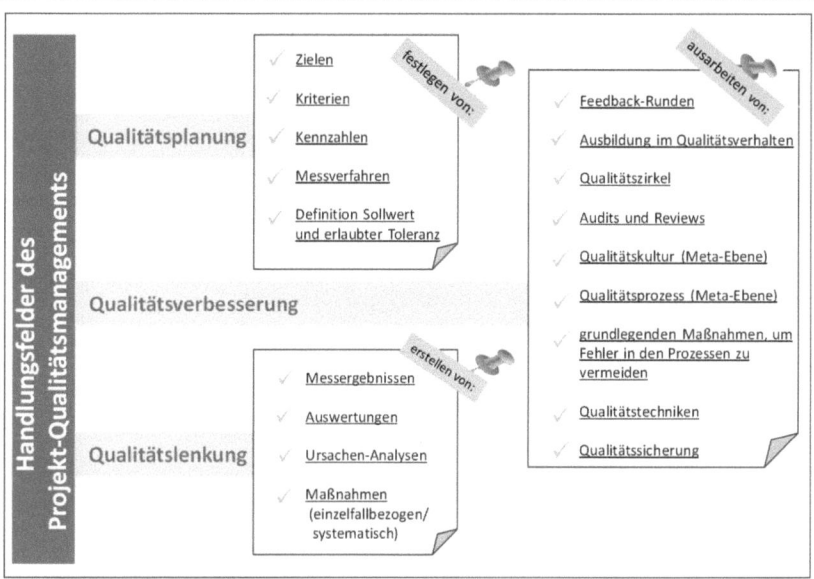

Abbildung 53: Handlungsfelder des Projekt-Qualitätsmanagements

Die Probleme nicht unter den Teppich kehren, sondern sie als Chance zum Lernen begreifen – das ist der Dreh- und Angelpunkt allen Qualitätsmanagements. Entsprechend müssen Anreize und Handeln ausgestaltet werden: Fehler müssen „gefeiert", Fehlervertuschung darf nicht akzeptiert werden. Das Management muss mit gutem Beispiel vorangehen und zeigen, dass es dieser Kultur des Fehlermanagements selbst folgt.

FEHLERKULTUR

- Qualität ist subjektiv und hängt von der Wahrnehmung Einzelner ab. Dennoch gilt es, nach Methoden zu suchen, sie messbar zu machen.
- Durch vorbeugendes Qualitätsmanagement vermeidet man hohe Kosten in späteren Projektphasen.
- Qualität sollte nicht nachträglich geprüft werden. Eine kontinuierliche Prüfung muss in den Prozessen und in der Unternehmenskultur verankert sein.

KERNAUSSAGEN
UND HANDLUNGS-
EMPFEHLUNGEN

7.3 Risikomanagement

Herr Felix denkt über mögliche Risiken des Projekts Flex Velo nach. Was passiert, wenn sich die Präferenzen der Kunden verändern? Wie sollte man reagieren, wenn die Wettbewerber ein vergleichbares Produkt auf den Markt bringen? Was passiert, wenn der Lieferant den neuen Werkstoff für den Rahmen nicht in vereinbarter Menge und Güte liefern kann? Was geschieht, wenn er die technischen Herausforderungen unterschätzt oder falsch eingeschätzt hat? Wie geht er mit unerwarteten Personalengpässen um?

ANTWORTEN IN DIESEM KAPITEL

- Was ist ein Risiko?
- Wie können Risiken gemanagt werden?
- Wie können Risiken bewertet werden?
- Wie können Risiken gesteuert werden?
- Wie können Risiken überwacht werden?
- Welche Risikomanagementstile gibt es?

Risiken können überall und zu jeder Zeit auftreten. Es ist die Aufgabe des Projektmanagements, sie frühzeitig zu erkennen, vorbereitet zu sein und gegebenenfalls geeignete Handlungsweisen abzuleiten. Nachfolgend wird beschrieben, was ein Risiko ist, welche Arten von Risiken es gibt und wie mit Risiken umzugehen ist.

7.3.1 Was ist ein Risiko?

Projekte zeichnen sich durch ihre Einmaligkeit und ihre oft ehrgeizigen Zielsetzungen aus. Dies führt dazu, dass vielfach weitreichende Risiken den Projektverlauf bedrohen.

RISIKO

Ein Risiko ist ein negatives Ereignis in der Zukunft, das mit einer gewissen Wahrscheinlichkeit in einer bestimmten Zeitspanne auftreten kann. Als Risiko wird der Eintritt ungeplanter Ereignisse oder das Ausbleiben geplanter Ereignisse, die einen negativen Verlauf des Projekts bedeuten können, bezeichnet (griechisch *rhizikon* für ‚Klippe', ‚Gefahr').

Ist ein Risiko eingetreten, wird es als Faktum eingestuft. Ein solches „eingetretenes Risiko" wird im operativen Projektmanagement behandelt und ist damit nicht mehr Gegenstand des Risikomanagements.

EINGETRETENES RISIKO

Das Risikomanagement ergänzt das Qualitätsmanagement und das Controlling. Seine Aufgabe besteht darin, kritische Einflüsse für den Projekterfolg

RELEVANTE RISIKEN MANAGEN

- möglichst frühzeitig zu identifizieren,
- zu bewerten und
- Strategien zur Abwehr oder Minderung der negativen Auswirkungen zu entwickeln.

Ziel ist es nicht, alle möglichen Risiken zu vermeiden, sondern die relevanten Risiken zu managen.

7.3.2 Wie können Risiken gemanagt werden?

Aufgabe des Risikomanagements ist es, Risiken zu erkennen, zu bewerten und ihnen vorzubeugen. Das Risikomanagement beschäftigt sich mit Risikoidentifikation, Risikobewertung, Risikosteuerung und Risikoüberwachung (Abbildung 54).

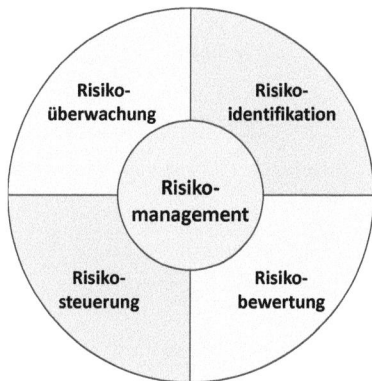

Abbildung 54: Elemente des Risikomanagements

Steuern – Projektfortschritt überwachen

Tabelle 4 fasst diese Komponenten noch einmal zusammen.

Schritt	Inhalt
Risikoidentifikation	Zusammenstellung der Risiken
Risikobewertung	Ermittlung von Eintrittswahrscheinlichkeit und Risikotragweite; Visualisierung mithilfe des Risikoportfolios
Risikosteuerung	Maßnahmen für identifizierte und bewertete Risiken
Risikoüberwachung	Nachverfolgung, laufende Überprüfung; Unterstützung durch Berichtswesen

Tabelle 4: Komponenten des Risikomanagements

RISIKO-IDENTIFIKATION Durch die Identifikation der Risiken werden potenzielle Störfaktoren ermittelt. Eine Möglichkeit, Risiken zu identifizieren, ist die Risikoprüfung anhand des Projektstrukturplans(vgl. Kapitel „Arbeitspakete", Seite 43), der Ebene für Ebene nach möglichen Risiken abgesucht werden kann. In der Praxis haben sich auch Workshops bewährt, in denen mit einem heterogenen Teilnehmerkreis (z. B. Projektmitarbeiter, Spezialisten, Geschäftsführung, Lieferanten, ggf. sogar Kunden) das Projekt auf potenzielle Risiken durchleuchtet wird. Ist eine Schwierigkeit abzusehen, müssen die Auswirkungen auf das Gesamtprojekt geprüft werden.

Risiken können unterschiedlicher Natur sein. So gibt es bspw.

- technische Risiken (z. B. fehlerhafte Materiallieferung),
- wirtschaftliche Risiken (z. B. Finanzrisiken),
- politische Risiken (z. B. geänderte Gesetze),
- soziokulturelle Risiken (z. B. gesellschaftliche Werte und Normen).

Herr Felix überlegt, welche Risikoarten das Projekt FlexVelo beeinflussen könnten. Neben technischen Risiken („Lässt sich mit den verfügbaren Werkstoffen wirklich ein Fahrrad bauen, das gleichermaßen als leichtes Rennrad und als robustes Tourenrad einsetzbar ist?") sind auch wirtschaftliche Risiken denkbar, wie z. B. ein Einbruch bei Nachfrage und Preisen für Fahrräder allgemein. Inwieweit könnte das FlexVelo-Projekt von politischen Risiken betroffen sein (Ausfuhrrestriktionen anderer Länder bei den Zukaufteilen)? Eventuell können sogar soziokulturelle Risiken eintreten. So etwa, wenn Fahrradfahren allgemein als nicht mehr zeitgemäß empfunden wird oder sich ein Trend gegen Kombinationsprodukte einstellt.

In einem längeren Workshop hat Herr Felix mit seinem Projektteam eine lange Liste mit Risiken erstellt.

Zwischen den einzelnen Risikoarten können Abhängigkeiten bestehen, etwa wenn sich politische Rahmenbedingungen verschlechtern und damit verknüpft allgemein die Nachfrage einbricht.

7.3.3 Wie können Risiken bewertet werden?

Risikobewertung soll erkennen, wie bedeutend das Risiko für den Projekterfolg ist. Für diese Bewertung werden Eintrittswahrscheinlichkeit und Risikoausmaß ermittelt (Abbildung 55). Die Risikowahrscheinlichkeit beschreibt, wie wahrscheinlich es ist, dass das Risiko eintritt. Das Risikoausmaß beschreibt, wie weitreichend die möglichen Folgen für das Projekt sind.

RISIKO-
BEWERTUNG

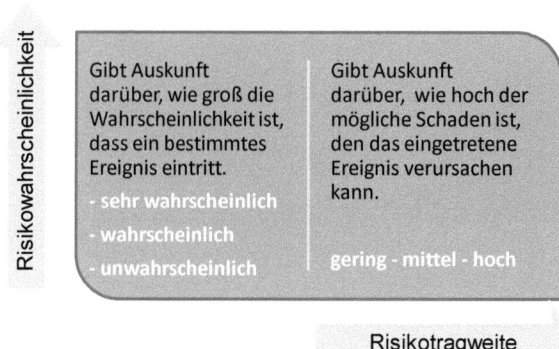

Abbildung 55: Risiken werden durch zwei Größen determiniert

Risikoausmaß und Risikowahrscheinlichkeit lassen sich mithilfe des Risiko-Portfolios visualisieren. Damit können die Risiken in drei Kategorien eingeordnet werden:

- akzeptabel (kein Handlungsbedarf),
- eingeschränkt akzeptabel (Risikosteuerung mit überschaubarem Aufwand),
- nicht akzeptabel (Risikosteuerung mit höchster Priorität).

Ein akzeptables Risiko zeichnet sich durch geringe Wahrscheinlichkeit und geringe Tragweite aus. Bei einem bedingt akzeptablen Risiko sind Risikowahrscheinlichkeit und Risikotragweite noch vertretbar. Ein nicht akzeptables Risiko hat sowohl eine hohe Eintrittswahrscheinlichkeit als auch ein hohes Schadensausmaß und muss mit hoher Priorität aktiv gemanagt werden (Abbildung 56).

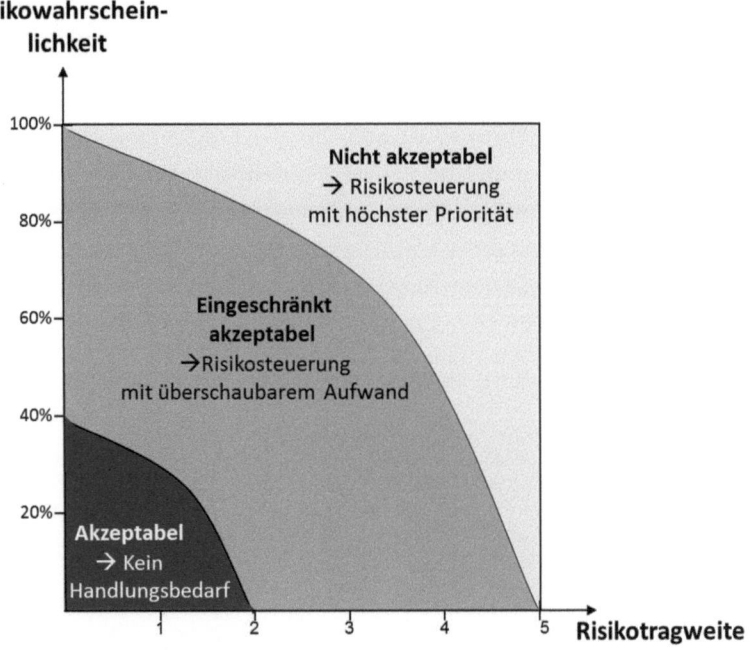

Abbildung 56: Risiko-Portfolio

Risikomanagement

Herr Felix erfasst die identifizierten Risiken in einer Liste (Abbildung 57) und lässt jedes Risiko mit einer Einschätzung der Eintrittswahrscheinlichkeit und des Risikoausmaßes von den Workshopteilnehmern seines Projektteams bewerten. Für das Risikoausmaß wählt er einen Wertebereich von 0 „unkritisch" bis 5 „höchst kritisch". Die Eintrittswahrscheinlichkeit gibt er in Zehnprozentstufen an (0–100 %). Der Mittelwert der Einschätzungen der Beteiligten wird dann entsprechend in die Liste eingetragen.

Auch erfasst Herr Felix die Auswirkungen jedes Risikos in der Risikoliste, um zu verdeutlichen, welche negativen Effekte beim Eintritt des Ereignisses zu befürchten sind (Abbildung 57).

Nr.	Risiko	Beschreibung	Auswirkungen	Eintrittswahrsch.	Ausmaß	Bewertung
1	Lieferrisiko Bauteil	Wichtiges Bauteil kann nicht rechtzeitig geliefert werden.	Das Fahrrad kann nicht produziert werden.	80	4	nicht akzeptabel
2	Witterungsbedingter Ausfall Testfahrt	Testfahrt kann wegen schlechter Wetterbedinungen nicht stattfinden.	Die Abnahme kann nicht erfolgen.	40	3	bedingt akzeptabel
3	Falsche Reifenfarbe	Die Farbe entspricht nicht den Vorgaben.	Die Optik der Reifen schadet dem Gesamteindruck.	20	1	akzeptabel
4	Projekt intern nicht akzeptiert	Keine Unterstützung der betroffenen Abteilungen.	Niedrige Mitarbeitermotivation und geringe Qualität sind zu erwarten.	40	3	bedingt akzeptabel
5	Geplante Projektlaufzeit wird überschritten	Die geschätzten Zeiten entsprechen nicht der Realität.	Mit höheren Projektkosten, ggf. Absatzeinbußen ist zu rechnen.	20	3	bedingt akzeptabel
6	Wettbewerberprodukt	Ein Wettbewerber bringt zeitnah ein vergleichbares Produkt in den Markt.	Es entsteht Preisdruck und mit einer verringerten Absatzmenge ist zu rechnen.	40	5	nicht akzeptabel

Abbildung 57: Risikoliste von Herrn Felix und seinem Projektteam

Herr Felix stellt die ermittelten Risiken in einer Risikomatrix dar (Abbildung 58). Diese Matrix gibt ihm einen Überblick über die relevantesten Risiken (hohe Eintrittswahrscheinlichkeit, hohe Auswirkungen), die er dann gezielt mit seinen Projektmitarbeitern und der Geschäftsführung diskutieren kann.

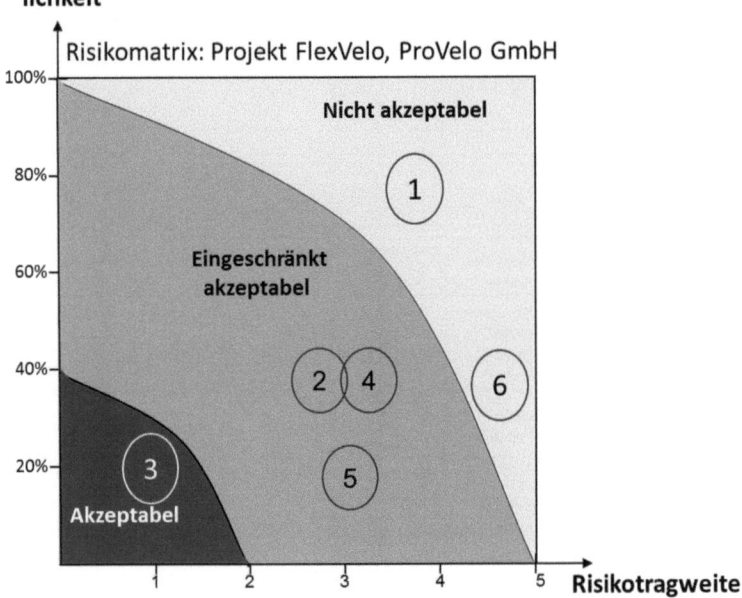

Abbildung 58: Risikomatrix für das Projekt FlexVelo

In der Grafik wird deutlich, dass Risiko Nr. 1 und Risiko Nr. 6 mit hoher Priorität gemanagt werden müssen. Es werden zwei Teams gebildet. Das Team „Lieferrisiko Bauteil" soll für alle kritischen Bauteile noch einmal mit den Lieferanten prüfen, ob die Zusagen sicher eingehalten werden können. Das Team „Wettbewerberprodukt" sammelt noch einmal Informationen über Wettbewerberaktivitäten und prüft, ob Patente ein wirksamer Schutz gegen dieses Risiko sein können.

RISIKO-
PORTFOLIO-
EINSTUFUNG

Vielfach wird bei der Einstufung von Risiko-Eintrittswahrscheinlichkeit und Risiko-Ausmaß die Nutzung sehr detaillierter Skalen empfohlen (bspw. Prozentwerte für die Wahrscheinlichkeit). Die Erfahrung zeigt, dass derartige feine Einstufungen zu einem hohen Aufwand führen und die Einschätzungen dann nicht so detailliert tragen. Eine Einstufung nach A, B, C oder in 20-%-Blöcken (von „sehr gering" bis „sehr hoch") reicht oft aus und unterstützt zudem auch mit verringertem Aufwand den wichtigen Zweck, die Risiken zu vergegenwärtigen und besser zu verstehen.

7.3.4 Wie können Risiken gesteuert werden?

Um Risiken zu steuern, stehen die in Tabelle 5 aufgeführten Steuerungsarten zur Verfügung.

Steuerungsart	Erläuterung
Risikobeseitigung	Ein Risiko wird beseitigt.
Risikovermeidung	Ein Risiko wird umgangen.
Risikominderung	Das mögliche Schadensausmaß wird teilweise reduziert, bspw. Einschränkung der das Risiko verursachenden Aktivitäten, oder es werden Maßnahmen getroffen, die die Wahrscheinlichkeit des Risikoeintritts verringern.
Risikoübertragung	Das Risiko wird auf Dritte übertragen, zum Beispiel in Form einer Versicherung.
Risikoakzeptanz (Restrisiko)	Das Risiko wird bewusst in Kauf genommen.

Tabelle 5: Erläuterung der Steuerungsarten

Herr Felix überlegt, welche Arten von Risiken er in seinem Projekt auf welche Weise steuern könnte. Dabei kommt er zu folgenden Ergebnissen:
Risikobeseitigung
Die bisher genutzten Schrauben zur Lenkerbefestigung stehen im Ruf, nach einiger Zeit zu rosten. Herr Felix entscheidet sich für die teureren Schrauben aus Titan.
Risikovermeidung
Das neue Fahrrad soll aus einem leichten Karbonrahmen hergestellt werden. Dieses Verfahren ist noch nicht erprobt und es gibt keine genaue Zusage des Herstellers, wann der Test abgeschlossen ist und ob er erfolgreich verläuft. Herrn Felix ist das Risiko zu hoch, dass der Karbonrahmen nicht rechtzeitig geliefert wird oder der Test negativ ausfällt. Er setzt lieber auf herkömmliche Verfahren und verzichtet auf den technischen Fortschritt.
Risikominderung
Bestandteile des neuen innovativen Fahrradlacks unterliegen sehr hohen Preisschwankungen. Herr Felix bespricht mit Frau Sommer, dass für einen Teil der geplanten Lackmengen schon heute verbindliche Verträge zu Festpreisen abgeschlossen werden.

> **Risikoübertragung**
> Herr Felix will der Geschäftsleitung vorschlagen, neben der bestehenden Betriebshaftpflichtversicherung eine Produkthaftpflichtversicherung für das neue Fahrrad abzuschließen. Falls ein Mangel bei dem neuen Rad auftritt, ist ProVelo auf der sicheren Seite.
>
> **Risikoakzeptanz**
> Bei der Herstellung des Fahrrads könnte das Einbauen der Bremse anfänglich zu Verzögerungen führen, wenn bis zu diesem Zeitpunkt noch nicht alle Mitarbeiter ausreichend für den Einbau der neuen Bremsanlage geschult sind. Herr Felix hofft auf die Multiplikatorfunktion der bereits geschulten Mitarbeiter und akzeptiert das Risiko.

7.3.5 Wie können Risiken überwacht werden?

RISIKO-ÜBERWACHUNG

Nach ihrer Identifizierung und Bewertung sind die Risiken zu überwachen. Dies sollte in einem permanenten Prozess erfolgen. Dabei werden die tatsächlichen Entwicklungen mit den vorhergesehenen Risiken verglichen und dokumentiert. Neue und veränderte Risiken erhalten besondere Aufmerksamkeit. Dazu empfiehlt es sich, die Schritte des Risikomanagements (Risikoidentifikation, -bewertung, -steuerung und -überwachung) regelmäßig zu durchlaufen. So kann am besten festgestellt werden, ob ein neues Risiko entstanden ist bzw. eine Risikobewertung angepasst werden sollte.

DOWNLOAD RISIKOMANAGEMENT

Unter www.pm-haus.de/downloads/risiken.xlsx kann eine Risikomatrix heruntergeladen und als Vorlage verwendet werden.

Der Umgang mit Risiken hängt auch davon ab, wie sehr der Einzelne bereit oder in Lage ist, damit umzugehen. Der nächste Abschnitt geht darauf ausführlicher ein.

7.3.6 Welche Risikomanagementstile gibt es?

Unterschiedliche Anwendungsfelder des Projektmanagements, aber auch diverse Persönlichkeiten führen zu verschiedenen Risikostilen. Grundsätzlich lassen sich vier Risikostile unterscheiden (Abbildung 59). Wer jedes Risiko vermeidet, verpasst auch alle Chancen.

RISIKOMANAGEMENTSTILE

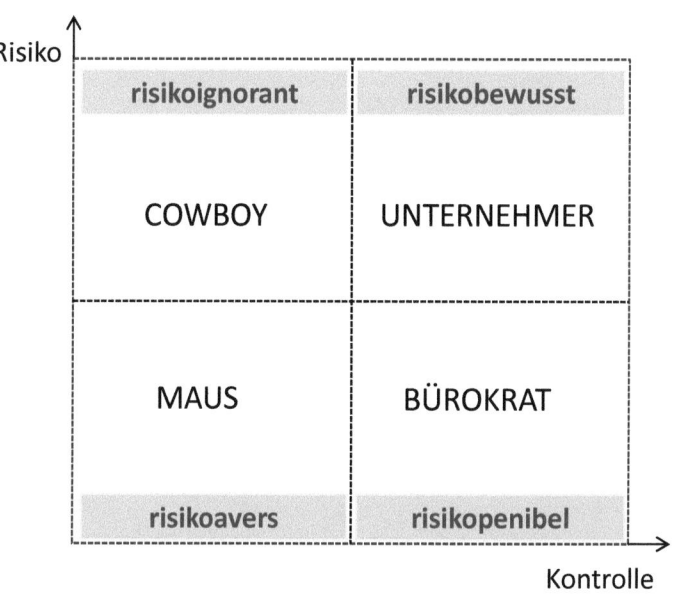

Abbildung 59: Risikomanagementstile

Der Risikostil „Maus" steht für ein risikovermeidendes Verhalten. Das heißt, jegliche Art von Risiko wird abgelehnt und vermieden.

RISIKOSTIL „MAUS" – RISIKOAVERS

Der „Bürokrat" geht keine oder nur sehr geringe Risiken ein, wendet aber viel Aufwand für deren Kontrolle auf. Er dramatisiert Risiken und hat somit nur eingeschränkte Chancen und Entwicklungspotenziale. Im Unterschied zur „Maus" verharrt er jedoch nicht bei bloßer Risikovermeidung, sondern investiert zudem umfangreiche Ressourcen, um die vermeintlichen Gefahren zu managen.

RISIKOSTIL „BÜROKRAT" – RISIKOPENIBEL

RISIKOSTIL „COWBOY" – RISIKOIGNORANT

„Cowboys" zeichnen sich durch ihre Ignoranz gegenüber Risiken aus. Sie kontrollieren Risiken nicht und machen sich wenig Gedanken über mögliche Folgen. So erlebt der Cowboy gelegentlich negative Überraschungen, die in unbeherrschbaren Auswirkungen enden können. Allerdings kann der Cowboy in Einzelfällen auch Glück haben. Dann kann er die Chancen hoher Risiken nutzen, ohne größere Aufwände für das Risikomanagement zu investieren.

RISIKOSTIL „UNTERNEHMER" – RISIKOBEWUSST

Dem „Unternehmer" gelingt es, das richtige Verhältnis zwischen Risiko und Kontrolle zu finden. Er stellt eine Balance her, wodurch er eine optimale Chancennutzung erreicht. Der Unternehmer verkörpert idealtypisch das kontrolliert handelnde und Chancen ergreifende Management.

> Als die Geschäftsführerin Frau Sommer für das Projekt FlexVelo einen Projektleiter suchte, stellte sie sich die Frage, was ihr besonders wichtig ist. Sie beantwortete die Frage damit, dass sie einen Mitarbeiter sucht, der wie ein Unternehmer denkt. Ihre Wahl fiel auf Herrn Felix, mit dem sie die Erfahrung gemacht hat, dass er Projekte vorantreibt, Risiken richtig einschätzt, aktiv managt und das Projekt durch einen Risikoüberwachungsprozess angemessen begleitet. Er ist Innovationen gegenüber aufgeschlossen und erkennt sich bietende Entwicklungspotenziale bei gleichzeitiger Risikoabwägung.

RISIKOBEWUSST HANDELNDER UNTERNEHMER

Der geeignete Risikomanagementstil hängt von Aufgabenstellung und Umfeld ab. Vielfach ist ein Gleichgewicht von Kontrolle und Risiko anzustreben („risikobewusst handelnder Unternehmer"). Nur selten ist die „Maus-Strategie" optimal, da diese Chancen verbaut. Auch die Tragweite der Risiken aus Sicht des Gesamtunternehmens spielt eine Rolle. Das Scheitern eines kleinen innovativen Projekts ist eher zu verschmerzen als das Scheitern eines für das Unternehmen existenziellen Großprojekts. Von Bedeutung ist auch, den aktuell praktizierten Risikostil zu erkennen.

Risikomanagement ist ein wesentlicher Erfolgsfaktor in der Projektmanagementpraxis. Daher sollten Mitarbeiter für Risikomanagement sensibilisiert und in Trainings geschult werden.

CHANCENMANAGEMENT

Chancenmanagement verfolgt den gleichen Ansatz wie Risikomanagement, nur mit umgekehrtem Vorzeichen. Chancen werden analog zu Risiken gezielt verfolgt und gemanagt.

Angemessenes Risikomanagement ist ein ganzheitlicher Prozess, der auf eine adäquate Durchführung des Projekts abzielt. Diese Aktivität darf das Projekt nicht in unnötiger Weise bremsen. So muss bei der Ausgestaltung eines wirtschaftlichen Projektrisikomanagements auch die Projektgröße berücksichtigt und das Risikomanagement bei kleineren Projekten weniger formell realisiert werden.

- Risiken sind frühzeitig und fortlaufend zu analysieren und zu kategorisieren.
- Risiken mit hoher Eintrittswahrscheinlichkeit und weitreichenden Folgen müssen mit geeigneten Maßnahmen der Risikosteuerung gemanagt werden.
- Risikomanagement sollte bzgl. Notwendigkeit, Nutzen, Vorgehen und Methoden bei den Mitarbeitern bekannt gemacht und trainiert werden.

KERNAUSSAGEN UND HANDLUNGSEMPFEHLUNGEN

8 Schluss

„The proof of the pudding is in the eating!"

8.1 3 plus 1 ergänzende Empfehlungen aus der Praxis

Mit der Darstellung der Inhalte des PM-Hauses sind jetzt die wichtigsten Voraussetzungen geschaffen, um ein Projekt erfolgreich zu managen.

Nach vielen erfolgreichen und auch kritischen Projektsituationen, die wir persönlich erleben durften und mussten, sollen hier noch einige besondere Empfehlungen folgen.

8.2 Von Fliegen und Elefanten

Fliegen können an der Decke „kleben". Elefanten können dies gemeinhin nicht. Welche Kräfte und Wirkweisen funktionieren und angemessen sind, hängt jeweils vom Kontext und der Dimension ab. Die vorgestellten Konzepte beschreiben allgemein, welche Faktoren beim Management von Projekten zu berücksichtigen sind. Auf eine besondere Differenzierung nach Kontext und vor allem Größe von Organisation und Projekt wurde weitestgehend verzichtet. Dies ist zur grundlegenden Vermittlung der Konzepte auch sinnvoll. In der Praxis aber gilt: Die angemessene Ausgestaltung der Methoden und Konzepte ist entscheidend. Das Abarbeiten theoretischer Konzepte und „Lehrinhalte" des Projektmanagements darf nie die Motivation zur Umsetzung in der Praxis, sondern jederzeit sollte jede Maßnahme aus sich heraus sinnvoll sein. Der Projektleiter sollte nie etwas vom Projektteam einfordern, das der Sache oder dem Umfang nach nicht nachvollziehbar und gut zu begründen ist.

> **EMPFEHLUNG**
> Finden Sie Ihren passenden Projektmanagementansatz als Mix aus den dargestellten Methoden und Werkzeugen. Machen Sie transparent, welcher Nutzen dem Aufwand der jeweiligen Projektmanagementaktivitäten gegenübersteht.

8.3 Realisieren, etablieren, abschließen

Vielfach kranken Projektpläne in der Praxis daran, dass auf die Realisierungsphase unmittelbar die Abschlussphase folgt; nachdem das Projekt die gewünschte Leistung realisiert hat, wird diese an den Fachbereich, den Nutzer übergeben und typische Aktivitäten der Abschlussphase werden durchgeführt, meist Inhalte wie „Lessons Learned", „Nachcontrolling" und „Dokumentation". Diese Strukturierung birgt mindestens zwei wesentliche Gefahren mit entsprechenden Verbesserungspotenzialen.

Der Aufwand der Übergabe an die Anwender wird grundlegend unterschätzt

PROJEKTPHASE „ETABLIEREN" EINPLANEN

Oft zeigt sich erst mit der Übernahme der Projektergebnisse durch die zukünftigen Nutzer, wie hoch der tatsächliche Aufwand ist, und auch erst jetzt werden viele einfache Optimierungspotenziale anhand des Praxiseinsatzes deutlich. Leider fehlen in der Praxis zumeist Zeit und Budget, um sinnvolle „letzte Änderungen" mit großem Wirkungsgrad durchzuführen bzw. die notwendige Überzeugungsarbeit und Begleitung beim Anwender sicherzustellen. In der Praxis hat es sich als äußerst zielführend erwiesen, die Anwender möglichst früh einzubeziehen, sodass ein evtl. negatives Überraschungsmoment gar nicht erst entstehen kann. Weiterhin ist es sinnvoll, nach der Realisierungsphase eine Phase des „Etablierens" einzuplanen, bspw. um die Nutzung eines neuen IT-Systems besser zu begleiten („Hypercare"-Phase) oder konzeptionelle Vorschläge nach Erstellung des Abschlussberichts in Form einer „Road Show" den Entscheidern nahezubringen und zu diskutieren. Erfahrungsgemäß sind diese Aktivitäten für die Gesamtakzeptanz der Projektleitung sehr entscheidend.

Lernpotenziale werden vergeudet

LERNEN ÜBER DEN GESAMTEN PROJEKTVERLAUF

Die Einordnung von Lessons Learned und Dokumentation an den Schluss der Projektarbeit bewirkt regelmäßig, dass die ursprünglich vereinbarten Standards bei der (Abschluss-)Dokumentation neuen Zwängen – dank aktueller neuer Projekte – zum Opfer fallen. Noch viel bedeutsamer ist die Gefahr, dass die Chance zum Lernen auf die lange Bank in Richtung Projektende geschoben wird. Projektplanungen sollten über den gesamten Projektverlauf genügend Zeit und Energie für die laufende Dokumentation und die Durchführung von Retrospektiven vorsehen. Die systematische Reflexion der Projektteamperformance sowie die Suche nach Optimierungspotenzialen sollten durchgängig einen hoch priorisierten Platz in der Projektagenda einnehmen, bspw. in monatlichen Projektretrospektiven.

> Zum Abschluss des Projekts genügend Zeit und Ressourcen für das Etablieren einplanen. Lernen gehört nicht an den Schluss des Projekts, sondern ist von Anfang einer seiner elementaren Bestandteile. — EMPFEHLUNG

8.4 Arbeiten in (kurzen) Projektgenerationen

Nichts ist erkenntnisreicher als der tatsächliche Realitäts-Check beim Anwender. Analysen, Konzeptionen und Laborversuche bringen erfahrungsgemäß nur begrenzten Erkenntnisgewinn. Erst die tatsächliche Nutzung der Projektergebnisse fördert die wirklichen Schwierigkeiten, aber auch die Verbesserungspotenziale zutage.

Projekte sollten soweit möglich so strukturiert sein, dass die Ergebnisse möglichst bald ausgerollt, tatsächlich genutzt und damit getestet werden. Projektergebnisse sollten möglichst schnell Nutzen bringen, diesen auch für alle sichtbar machen und Lernpotenziale entfalten.

In der Praxis werden Projektziele oft mit Ballast und Wünschen überladen, die sich viel besser in einem Folgeprojekt, also in der nächsten Projektgeneration realisieren lassen.

> Planen Sie in kurzen Generationen mit direktem Nutzen und unmittelbarer Rückkopplung aus der Realität. — EMPFEHLUNG

Schließlich: Konsequenz in der Anwendung

All die dargestellten Konzepte und Empfehlungen funktionieren nur, wenn sie auch angewandt werden. Wie oben herausgearbeitet sollten die Elemente des Projektmanagements angemessen zum Projektkontext ausgeprägt werden. Ein Projekt von 20 Personentagen wird von einem umfangreichen Risikomanagement schnell überfordert. Dies hindert aber nicht daran, im kleinen Kreis bei Gelegenheit ab und zu die wichtigsten Risiken per Flipchart o. Ä. zu skizzieren und zu diskutieren, um ein entsprechendes Bewusstsein zu schaffen.

Sowohl empirische Studien als auch die tägliche Praxis zeigen: Viele Projekte kommen in Schwierigkeiten, weil grundlegende Methoden und Erkenntnisse des Projektmanagements zwar geschult und verstanden, aber nicht angewandt wurden. Hier ist oft der einfachste und wichtigste Hebel für ein gutes Projektmanagement.

Unsere Empfehlung lautet daher: Tun Sie es einfach – sofort, praxis-, nutzenorientiert und konsequent!

Wir wünschen viel Erfolg in der Umsetzung!

Ayelt Komus, Jutta Putzer

9 Ergänzende Informationen und Abbildungen

Dieses Kapitel enthält ergänzende Abbildungen zu dem durchgängigen Praxisbeispiel „FlexVelo" mit Herrn Felix als Projektleiter.

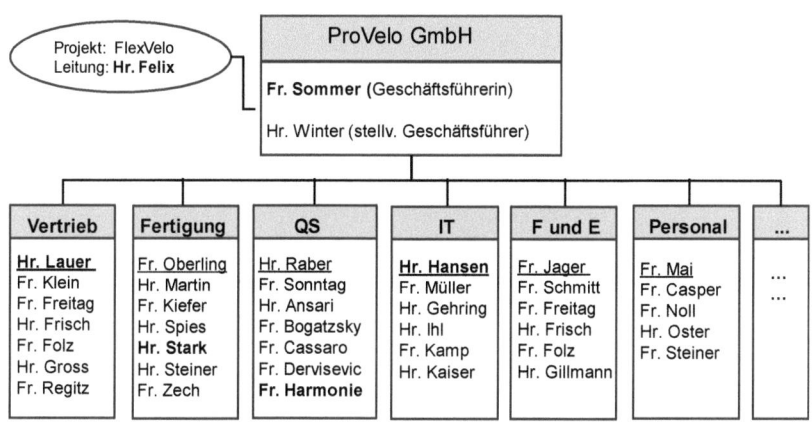

Abbildung 60: Unternehmensstruktur der ProVelo GmbH

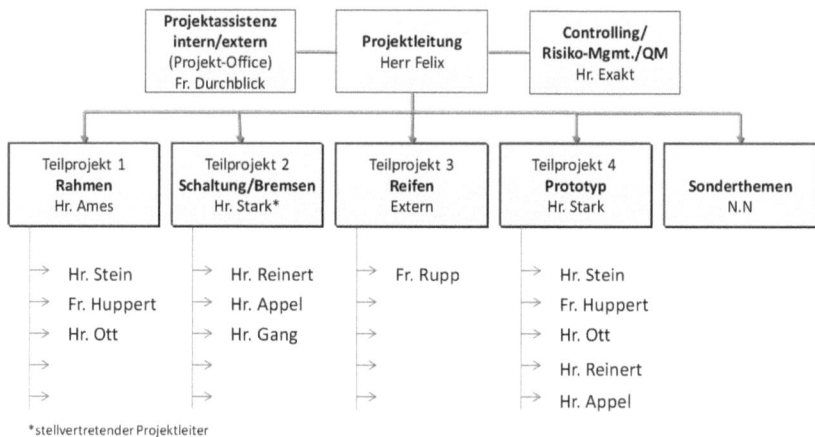

Abbildung 61: Projektorganisation (Praxisbeispiel FlexVelo), siehe Seite 68ff.

Ergänzende Informationen und Abbildungen

Projektauftrag				
Projektname/Nr.	FlexVelo-Prototyp			
Datum	30. Januar	**Version**	1.1	
Auftraggeber	Geschäftsführung ProVelo Frau Sommer	**Auftragnehmer/ Projektleiter**	Herr Felix	
Projektbeginn	30. März	**Projektende**	30. November	
Projektvision Ausgangssituation/ Rahmenbedingungen	Das Fahrrad der Zukunft verknüpft die positiven Eigenschaften eines leichten Rennrads und eines robusten Tourenrads und die ProVelo wird führender Hersteller in diesem Segment sein. Das Projekt FlexVelo ist die Basis dafür.			
Strategische Zielsetzung	Das Projekt FlexVelo erstellt einen Prototyp für ein Fahrrad der nächsten Generation, das die herausragenden Eigenschaften eines leichten Rennrads und eines robusten Tourenrads verknüpft. Das Projekt FlexVelo wird bis zum Ende des Jahres diesen neuen Fahrradtyp zur Marktreife bringen. Dieser Prototyp ist die Basis für die erste Serie des neuen Typs und bildet die Grundlage dafür, dass weitere Varianten entwickelt werden können.			
Zu erarbeitende Ergebnisse (operative Projektziele/ Deliverables)	<ul><li>Entwicklung und Fertigung des FlexVelo-Prototyps zur Produktionsreife</li><li>Konsumenten-Akzeptanztests</li><li>Technische Tests</li><li>Dokumentation</li><li>Marketing- und Vertriebskonzept</li><li>Benchmark</li></ul>			
Qualitäts-/ Messkriterien (SMART)	<ul><li>Geringes Gewicht des Fahrrads von < 11 Kilo</li><li>Note 2+ oder besser in den Konsumenten-Akzeptanztests</li><li>Bestehen der technischen Tests nach Verbandsvorgaben</li><li>Kosten des Entwicklungsprojekts (<380 000 €)</li><li>Projektdauer max. 8 Monate</li></ul>			
Meilensteine	<ul><li>Kick-off 30.3.</li><li>Grobkonzept 2. Mai (Vorphase beendet)</li><li>Entwicklungspartner für Reifen ausgewählt 2. Mai</li><li>Entwicklung Prototyp abgeschlossen 30. September</li><li>Prototyp zur Produktionsreife gebracht 30. November</li></ul>			
Kosten	<ul><li>Projektkosten 380 000 €</li></ul>			

Abbildung 62: Erste Seite Projektauftrag, siehe Seite 35 ff.

Ergänzende Informationen und Abbildungen

Projektauftrag	
Stakeholder	<ul><li>Kunden</li><li>Händler</li><li>Mitarbeiter der Entwicklungsabteilung und der Fertigungsabteilung Lieferanten</li><li>Journalisten Bikerzeitungen</li><li>Messebesucher</li><li>Vereine</li><li>Sportler</li></ul>
Risiken	<ul><li>Projekt intern nicht akzeptiert</li><li>Marktanforderungen ändern sich</li><li>Wichtiges Bauteil kann nicht geliefert werden</li><li>Verfügbarkeit und Motivation der Teammitglieder</li><li>Kurzfristige Veränderung der Kundenpräferenzen</li><li>Ein Wettbewerber bringt kurzfristig ein ähnliches Produkt auf den Markt</li><li>Überhöhte Entwicklungs- und Fertigungskosten</li><li>Unterschätze technische Voraussetzungen</li><li>Zeitplan unrealistisch</li></ul>
Kritische Erfolgsfaktoren	<ul><li>Saisongerechte Markteinführung im Frühjahr</li><li>Intelligente Nutzung moderner Leichtbaumaterialien</li><li>Gute Serienfähigkeit</li><li>Kundengerechtes Design</li></ul>
Sonstige Vereinbarungen	<ul><li>Die Geschäftsführung verpflichtet sich, das Projekt zu unterstützen und eng zu begleiten.</li><li>Herr Felix kann bei Bedarf auf externe Unterstützung zurückgreifen.</li></ul>
Unterschriften	_____ _____ Auftraggeber Auftragnehmer/Projektleiter

Abbildung 63: Zweite Seite Projektauftrag, siehe Seite 35ff.

Ergänzende Informationen und Abbildungen

Arbeitspaketbeschreibung			
Projekt	FlexVelo	Status	In Bearbeitung
Arbeitspaket	Schaltung	Arbeitspaket-Nr./ PSP-Code	4711
Arbeitspaket-verantwortlicher	Herr Gang (und Mitarbeiter Team 2)		
Zielsetzung	Schaltung auswählen, die dem neuen Fahrradtyp gerecht wird.		
Angestrebte Ergebnisse/ Aufgaben	Die gängigen Schaltungen testen und beste Schaltung für FlexVelo bestimmen. Aufgaben: • Test Nabenschaltung mit Rücktritt • Test Kettenschaltung • Test Dual Drive • Test Rohloffschaltung		
Nicht-Gegenstand	komplett neue Schaltsysteme entwickeln		
Voraussetzungen	Neue Halle mit Teststand muss fertig sein.		
Geplanter Aufwand	10 Personentage		
Beginn Arbeitspaket	04. Mai	Ende Arbeitspaket	1. Juni
Vorgänger (PSP-Code)	3811	Nachfolger (PSP-Code)	5678, 6788, 9988

Abbildung 64: Formular Arbeitspaketbeschreibung, siehe Seite 48 ff.

Ergänzende Informationen und Abbildungen

Stakeholderliste

Projekt:	FlexVelo				Datum:	10. April		
Gruppe / Rolle / Person	Einflussmöglichkeiten/ Macht	Art der Einflussmöglichkeit	Interesse am Projekt	Ziele primär	Friend/ Foe	Stakeholdertyp	Strategie
Händler	hoch	Werbung bei Kunden	mittel	Fahrradverkauf	Friend	Beobachter	informieren
Lieferanten	mittel	Projektentwicklung fördern	mittel	Verkauf Zulieferprodukte	Friend	Beobachter	informieren
Journalisten Bikerzeitung	hoch	Veröffentlichungen	mittel	hohe Auflage	Friend	Beobachter	informieren
Journalisten (ohne Fahrradhintergrund)	niedrig	Veröffentlichungen	niedrig	keine	Foe oder Friend	Ignorant	keine Aktivität
Vereine	niedrig	Kunden beeinflussen	mittel	auf neustem Stand zu sein	Friend oder Foe	Ignorant	keine Aktivität
Sportler/Kunden	mittel	positive Werbung	hoch	auf neustem Stand zu sein	Friend	Betroffene	informieren
Entwicklungsabteilung	mittel	Projektentwicklung fördern	hoch	Interessante Aufgabe	Friend	Betroffene	enge Abstimmung
Fertigungsabteilung	mittel	unterstützt Projekt / stört Projektfortschritt	hoch	neue Herausforderung	Foe	Betroffene	Akzeptanz schaffen
Geschäftsführung	sehr hoch	unterstützt Projekt aktiv	sehr hoch	Marktführerschaft	Friend	Schlüsselspieler	enge Abstimmung
Stellvertretende Geschäftsführung	hoch	negative Widerstände	hoch	Marktführerschaft	Foe	Schlüsselspieler	für Projekt gewinnen
...							

Abbildung 65: Beispielhafte Stakeholderliste, siehe Seite 90 ff.

Ergänzende Informationen und Abbildungen

Änderungsanforderung (CR)			
Projektname/Nr.		FlexVelo-Prototyp	
Datum Erstellung Change Request	30. Juni	**Produkt-Version**	1.1
Ersteller CR	Herr Stein	**Status***	in Bearbeitung
Beschreibung Produkteigenschaft, die geändert werden soll		In der ursprünglichen Planung wurde für die Position Pedale ein Klickpedal ausgewählt.	
Beschreibung der Produkteigenschaft, die hergestellt werden soll		Es wird ein Pedal benötigt, in das Schuhe eingeklickt oder das auch mit normalen Schuhen verwendet werden kann.	
Begründung der Änderung		Da es sich bei dem neuen Fahrradtyp um ein Kombinationsrad handelt, stellte sich bei der Entwicklung heraus, dass auch an die Pedale andere Anforderungen gestellt werden.	
Datum der gewünschten Umsetzung		Bis zum Test des Prototyps.	
Kostenschätzung (ggf. getrennt nach internen und externen Kosten, Lizenzkosten, Personalkosten etc.)		1 % der Projektkosten	
Zeitaufwand für die geforderte Änderung (ggf. getrennt nach Konzeption, Entwicklung, Test, Abnahme etc.)		1 Monat	
Unterschrift	Anforderungssteller		

* In Bearbeitung, genehmigt und beauftragt, abgelehnt, abgeschlossen

Abbildung 66: Exemplarische Änderungsanforderung, siehe Seite 147 ff.

Ergänzende Informationen und Abbildungen

Projektstatusbericht			
Projekt:	FlexVelo	**Projektleiter:**	Herr Felix
Erstelldatum:	1. Juli	**Berichtszeitraum:**	Mai-Juni
Gesamtbewertung			

Das Projekt FlexVelo ist grundsätzlich im Plan. Abweichungen sind noch im akzeptablen Rahmen.
Das technische und betriebswirtschaftliche Grobkonzept wurden fristgerecht erstellt.
Mit der Entwicklung des Prototyps wurde termingemäß begonnen.
Auf die Verwendung eines Karbonrahmens wurde verzichtet, da es keine konkrete Zusage über den Liefertermin gegeben hat. Das dadurch entstehende Risiko war zu hoch.
Im Teilprojekt Schaltung drohen kritische Verzögerungen durch die verspätete Verfügbarkeit des Teststands. Die Nutzung eines externen Teststands kann hier Abhilfe leisten (siehe Entscheidungsvorlage).

Teil-Projektstatusbericht „Rahmen"				
Aktivität/Aufgabe Arbeitspakete	Verantwortlicher	Status (Fertigstellung in %)	Anmerkung	Status (Ampelsignal)
Material auswählen	Hr. Stein	100	Verzicht auf Karbon	grün
Konstruktionsplan erstellen	Hr. Ott	80	Die Konstruktionsplanung ist erstellt, die Prüfung verzögert sich, da Mitarbeiter krank	gelb
Qualitätssicherung Rahmen	Hr. Ames	0	Beginn 2.September	grün
...				

Teil-Projektstatusbericht „Schaltung/Bremssystem"				
Aktivität/-Aufgabe Arbeitspakete	Verantwortlicher	Status (Fertigstellung in %)	Anmerkung	Status (Ampelsignal)
4711 Schaltung	Herr Gang	20	Es gibt Verzögerungen bei der Fertigstellung der neuen Teststands für die Schaltung	rot
...				

Notwendige Entscheidungen *(Entscheidungsvorlagen)*
Entscheidungsvorschlag: „Für die Anmietung eines externen Teststandes bis zur Fertigstellung des in Bau befindlichen eigenen Teststandes wird ein zusätzliches Budget von 5000 € genehmigt, um Verzögerungen beim Test der neuen Fahrradschaltung zu vermeiden." Begründung: Der in Bau befindliche Fahrradteststand wird nicht rechtzeitig fertig, um die neue Schaltung termingerecht zu testen. Die Weiterentwicklung der Schaltung mit entsprechenden Tests ist für den Projektfortschritt hochkritisch. Eingeholte Angebote weisen zusätzliche Kosten von 1000 € je Woche aus. Nach Angaben der ausführenden Baufirmen wird der Teststand in fünf Wochen zur Verfügung stehen.

Abbildung 67: Exemplarischer Projektstatusbericht, siehe Seiten 150 ff.

Ergänzende Informationen und Abbildungen

Vorschlagsliste für Gliederungspunkte eines Projekthandbuchs

- Einleitung: Zweck des Handbuchs
- Verantwortliche für Pflege und Aktualisierung
- Definierte Projektziele sowie Teilziele und Aufgabenpakete
- Aktueller Projektplan mit Terminen
- Projektaufbauorganisation
- Projektmitarbeiterliste mit Kontaktdaten
- Ressourcenplan/Budget (sofern nicht vertraulich)
- Definierte Regelmeetings
- Berichte
- Aufgaben, Kompetenzen und Verantwortlichkeiten aller am Projekt Beteiligten, inkl. Stakeholder
- Projektdokumentation
- Spielregeln im Projekt (auch Eskalationswege)
- Infrastruktur (Räumlichkeiten, Sekretariat, Ablagesystem, Kopierer, Medien)
- Beschreibung der Ablage von Projektdokumenten
- Informationen zur eingesetzten Groupware (Kurzanleitung und Beschreibung der Ablagesystematik in der Gruppensoftware)
- Zu verwendende Formulare (z. B. Protokollvorlagen, Berichtsvorlagen ...) und Präsentationsunterlagen etc.
- Urlaubs- und Anwesenheitsliste (ggf. nur Link auf das Ablageverzeichnis im aktuellen Laufwerk)
- Gliederung Projektergebnisbericht

Abbildung 68: Gliederungspunkte im Projekthandbuch, siehe Seite 82 ff.

10 Index

A

Anfangsphase von Projekten 30
Apache OpenOffice 138
Arbeitspakete 40, 43
Arbeitswertmethode 160
Audit 170
Aufschieberitis .... *Siehe* Syndrom Studenten
Aufsichtsgremium 65

B

Baumdarstellung 44
Belbin Meredith 70
Besitztumseffekt ... *Endowment-Effekt*
Blog 110, 138
Box.com 132
Brainstorming 125
Brook's Law **72**, 151

C

Chancenmanagement 182
Change Request 146
Change-Request-Management 143
Change-Request-Prozess 144
Cloudbasierte Office Dienste 132
Confluence 132, 138
Content Management Systeme 132
Creative Space 127
Crowd-Sourcing 111

D

Definition of Done 169

Design Thinking 125
Detaillierungsgrad 41
Diversity Management 71
Dokumentationsregeln 131
Dropbox 132, 138

E

Earned-Value-Analyse 156, 160
eisernes Dreieck .... *Siehe* magisches Dreieck
Endowment-Effekt 87
Eskalationsprozess 122
Externe Dienstleister 65

F

Feedback-Runden 170
Fehler 30
Fehlerkosten - 10er-Regel der 166
Fehlerkultur 171
Fertigstellungs*wert* 161
Fertigstellungswertmethode 160
fiktive „Personas" 126
Filesharing-Systeme 132
Fortschrittscontrolling 43

G

Gantt-Diagramm **53**, **54**, 152
Google Docs 132

H

Hard Skills 69
Hidden Agenda 35

I

Ideenfindung 126
Incentivierungssysteme 61
Infrastruktur 136
Integrität 137
Istkosten 156
IT-infrastrukturellen Voraussetzungen
   138
ITK-Infrastruktur 136

J

Jive 132, 138

K

Kommunikation 107
Kommunikationsmittel 94
Konfliktmanagement 114
Konfliktmanager 78
Konfliktphase (Storming) **76**
Kreativität 124
Kreativitätstechniken 124
Kreativraum 141
kritischer Pfad **56**

L

Lawrence Henry 54
Lenkungsausschuss **65**
Lessons learned 131
Libre Office 138
Linux 105
Lose-lose-Situation 116

M

Magische Dreieck 150
Marketinginstrumente 96
Media-Richness-Modell 109
MediaWiki 132, 138

Meetingstruktur 112
Meilensteine **54, 58**
Meilensteintrendanalyse 156, 157
Mindmapping 125
Moderator 78
Morphologischer Kasten 125
Motivation durch Führung 103
MS Office 138
MS Sharepoint 132

N

Netzplan **53**
Nicht-Zielsetzung 48
Norming 76

O

Office-Systeme 138
Online-Konferenzen 111
Organizational Change Management
   .... 65, 87, 144
Orientierungsphase (Forming) **76**
OwnCloud 138

P

Perfektionierung 100
Performing 76
Personas 126
Persönlichkeitstypen 70
Phasenplan 55
PMO .... *Project Management Office*
Primär- und Sekundärorganisation .. **60**
Project Management Office 63
Projektablauforganisation 40, **53**
Projektassistenz 62
Projektaufbauorganisation 40, **60**
Projektaufgaben 43
Projektauftrag **27**, 35
Projektcontrolling 151

Projektcontrollings 150
Projektdokumentation 129
Projekthandbuch 40, 80
Projektmarketing 96
Projektorganisation **67**
Projekträume 139
Projektraumtypen 140
Projektstrukturplan 44, 53
    funktionsorientierten 45
    Gliederungskriterien 45
    objektorientierten 44
    phasen- oder ablauforientierten 45
Projektteam 40, 69
Projektvision **31**
Projektziele
    Operative 31
    Strategische 31
Prototyping 126
PSP-Elemente 44, 152, 154

Q

Qualität 165
Qualitätslenkung 169
Qualitätsmanagement 165
Qualitätsplanung 168
Qualitätsverbesserung 169
Qualitätszirkel 170
Querdenken 125

R

Regel - 10er-Regel der Fehlerkosten
   166
Regelphase (Norming) **76**
Ressourcenplanung 43
Ressourcenverzehr 154, 155
Retrospektiven 170
Reviews 170
Risiken
    eingetretene 173

politische Risiken 174
soziokulturelle Risiken 174
technische Risiken 174
wirtschaftliche Risiken 174
Risiko 172
Risikoausmaß 176
Risikobewertung 173, 175
Risikoidentifikation 173
Risikokontrolle 173
Risikomanagement 172
Risikomanagementstile 181
Risikosteuerung 173
Risiko-überwachung 180
Risikowahrscheinlichkeit 176
Rollen
    denkorientierten 70
    handlungsorientierte 70
    personenorientierten 70
Rollen des Projektleiters **77**
Rückwärtsterminierung **56**

S

Selbstbestimmung 100
Serendipity 138
Sharepoint 138
Sinnerfüllung 100
SMART-Prinzip 33
Soft Skill 69
Software-Systeme 137
soziale Netzwerke 111
Stakeholder-Analyse 89
Stakeholdermangement 87
Stakeholder-Portfolio 89
Storming 76
Support 137
Syndrom
    90-%- 162, 163
    Studenten- 163

T

Teambildungsprozess **76**
Teambuilding **77**
Teamentwickler **78**
Teamgröße **72**
Teamgröße optimal **72**
Teammotivation **99**
Teamrollen **70**
Teamzusammensetzungen **70**

V

Veränderungsmanagement **95**
Vorwärtsterminierung **56**

W

Wahrnehmung 29, 118
War Room (Obeya) 141
Wikipedia 105
Wikis 110, 138
Win-Lose-Konstellation 116
Wordpress 138
Workshop- und
    Gruppenbesprechungsraum 140

Z

Zielanalyse 30
Ziele
    operative 32
    verborgene 35